本书为湖南省教育科学"十四五"规划课题"党建引领中职学校德育课程体系构建的实践研究"的研究和推广成果(课题号:ND249280)

在自己的赛道上奋力奔跑

——长沙市电子工业学校匠心育人繁花开

主　编　◇　周树明

主　审　◇　刘永红

中南大学出版社
www.csupress.com.cn
·长沙·

图书在版编目（CIP）数据

在自己的赛道上奋力奔跑：长沙市电子工业学校匠
心育人繁花开／周树明主编. --长沙：中南大学出版社，
2024.8.

ISBN 978-7-5487-5991-1

Ⅰ. G719.2

中国国家版本馆 CIP 数据核字第 2024HJ5984 号

在自己的赛道上奋力奔跑
——长沙市电子工业学校匠心育人繁花开
ZAI ZIJI DE SAIDAO SHANG FENLI BENPAO
——CHANGSHASHI DIANZI GONGYE XUEXIAO JIANGXIN YUREN FANHUA KAI

周树明　主编

□出 版 人	林绵优
□责任编辑	胡小锋
□责任印制	唐　曦
□出版发行	中南大学出版社
	社址：长沙市麓山南路　　　　邮编：410083
	发行科电话：0731-88876770　　传真：0731-88710482
□印　　装	长沙印通印刷有限公司

□开　　本	710 mm×1000 mm 1/16　□印张 13.75　□字数 247 千字
□版　　次	2024 年 8 月第 1 版　　　　□印次 2024 年 8 月第 1 次印刷
□书　　号	ISBN 978-7-5487-5991-1
□定　　价	58.00 元

编 委 会

主　编 ◇ 周树明

主　审 ◇ 刘永红

副主编 ◇ 陈忠文　刘　菁　苏胜保

编　者 ◇ 孙士要　范　立　罗志勇　严必特

　　　　　王　忠　舒　广　吉勇祥　甘元智

　　　　　吴　雪　宋　洁　黄民海　张晓音

　　　　　易赵云　魏菊香

序言
PREFACE

　　长沙市电子工业学校编辑了一本优秀校友故事集，请我作序。看到书名，我眼前一亮。"在自己的赛道上奋力奔跑"，这个书名很好。学校告诉我，他们也把这句话作为了学校的办学理念。

　　职业教育到底是一种怎样的教育？

　　2022年修订并实施的《中华人民共和国职业教育法》给出了明确的回答：职业教育是与普通教育具有同等重要地位的教育类型。

　　从教育心理学来看，加德纳的多元智能理论告诉我们，每一个生命个体的兴趣潜能是不一样的。学术知识上的学霸不一定有好的动手能力，技能技术上的大咖不一定有辉煌的学历。从社会市场来看，普通高校毕业生就业难，而高素质技能人才存在大量缺口已是不争的事实。职业教育的"类型"定位既符合教育规律，也是社会市场的必然要求。选择职业教育，就是选择了属于自己的赛道。

　　除了"赛道"，书名里让我感兴趣的第二个词是"奋力奔跑"。选择属于自己的赛道，并不等于就选择了成功。人生其实是一场马拉松。既然是"赛道"，就意味着要奔跑，要奋力奔跑。美国总统富兰克林在他的自传里写道："人生的意义，在于不断地超越自我。"习近平总书记在纪念五四运动100周年大会上指出："奋斗是青春最亮丽的底色。"人，只有不懈奋斗，不断超越，才能抵达成功的彼岸。

　　长沙市电子工业学校是长沙市的一所很有历史底蕴的学校，是杨开慧、李淑一的母校。1984年，学校转型开办职业教育。40年来，数万名时代工匠从这里出发，奔赴时代的山海，追逐梦想的荣光。为进一步落实《中等职业学校德育大纲》的要求，近年来，学校以"五自三阶"德育课程体系建设为抓手，践行五育并举，落实立德树人，传承红色校史，弘扬工匠精神。

本书就是他们德育课程体系建设的成果之一。40 年职业教育，匠心育人，繁花盛开。学校选择了其中的 40 位校友作为代表。他们中，有的以低起点而仍博得学历的高段位，有的以开拓创新而成就创业梦想，有的以执着专注、精益求精而成为能工巧匠。也许，相对于那些政要大员、那些学术顶流、那些豪商巨贾，这些校友的故事过于平凡。但是，我想说的是，他们都是自己赛道上的奔跑者，他们的生命里都充盈着职业教育厚重的底色，他们都以奋斗的姿态成为自己赛道上亮丽的风景。

我以为，这本小册子的价值至少表现在两个方面。

一是以鲜活的素材证明了职业教育"大有可为"。相当长一段时间以来，职业教育，特别是中职教育的存在感不强，社会的认同度不高。标签式的社会认知让广大中职学校领导目标模糊，无所适从，让广大中职教师方向不明，动力不足。但是，今天我们欣喜地看到，当年埋下的种子，现在已经枝繁叶茂，花果飘香。这，是职教人的欣慰。二是点亮了广大在校职教学子的信心和希望。毋庸讳言，当前背景下，大部分选择中职的学生是被动的。学校拿什么来激发学生的潜能，来增强他们的信心，来引领他们的目标——我认为，这是中职学校首先要解决的问题。这本德育读本在一定程度上能解决这类问题。从学生视角来看，书中的人和事就发生在自己身边，带着熟悉的场景，带着可触摸的温度，鲜活生动，直抵心灵。我相信，这本小册子会成为孩子们最有体验感的励志教材。

2021 年，习近平总书记在全国职业教育大会上强调，"在全面建设社会主义现代化国家新征程中，职业教育前途广阔、大有可为"。新时代强国征程的号角已经吹响，作为职教人，我们应该激情满怀，勇敢担当！祝愿每一所中职学校都能在职教改革的大潮中锚定目标，办出特色！祝愿每一位中职教育人都能在平凡的岗位上享受职业的幸福！祝愿每一位中职学子都能在自己的赛道上跑出自己的精彩！

（湖南省教育厅副厅长）

2024 年 8 月

目 录
CONTENTS

第三篇章 技能点亮人生

第一篇章

知识改变命运

内 容 导 读

在"知识改变命运"篇章中，我们将见证多位长沙市电子工业学校（简称电子工校）校友通过不懈奋斗与知识积累，成功改写人生命运的壮丽篇章。陈威，怀揣梦想的中职生，在电子工校打下了坚实的基础，最终考入湖南农业大学深造，用汗水和智慧铺就了一条通往成功的道路。邓天毅，从初中时期的困境中崛起，通过职高对口高考进入湖南师范大学，进而保研直博至湖南大学，如今在日本筑波大学深造，他的每一步都充满了对知识的渴望与追求。何瑶琴，则在电子工校找到了人生的方向，通过不断进修，成为国内外多家企业的管理顾问，积极参与公益事业，用实际行动诠释了"以对话推动社会的正向改变"的使命。

这些校友的故事，不仅仅是个人奋斗的缩影，更是职业教育价值的生动体现。他们用自己的经历告诉我们，无论起点如何，只要心怀梦想，勇于追求，坚持不懈，知识终将改变命运。在长沙市电子工业学校的培养下，他们不仅掌握了扎实的专业技能，更学会了如何面对挑战、如何独立思考、如何与人相处，这些宝贵的经历成为他们人生道路上最坚实的基石。

让我们一起走进这些校友的世界，感受他们用知识改变命运的精彩历程，汲取前行的力量与智慧。无论身处何地，无论面对何种挑战，都请铭记：知识是无价的，它是潜在的力量，灵活运用它，定能助你成功。

01

追梦青春，砥砺前行

🔊 电子小档案

陈威，男，湖南长沙市人，2020年毕业于长沙市电子工业学校1702班。班主任周灵芝老师。现就读于湖南农业大学教育学院教育技术学专业。

青春，是每个人心中最炽热的火焰，它燃烧着梦想，照亮着前行的道路。在这段短暂而又宝贵的时光里，一个怀揣梦想的年轻人，用他的汗水和努力，书写了一段追梦青春的壮丽篇章。

青春启航，梦想照亮前行路

在长沙市电子工业学校这片充满活力和机遇的校园里，陈威，一个普通却怀揣梦想的学子，度过了他人生中最宝贵的青春岁月。每当他回首那段时光，那些如璀璨星辰般的青春记忆，都仿佛为他照亮了前行的道路。

陈威的求学生涯始于北雅中学，那里是他梦想起航的地方。在那里，老师们的悉心教导，同学们的相互鼓励，使他对知识的渴望愈发强烈，他深刻体会到了知识的无穷魅力和学习的无穷乐趣，对未来的憧憬愈发清晰。然而人的成

长并非一帆风顺，中考给他带来了短暂的失落，但他始终坚信：是金子总会发光的。

带着沉甸甸的信念与憧憬，陈威的脚步踏在了长沙市电子工业学校坚实的大地上。那一刻，他的心情如同初夏的微风，既带着丝丝凉意又洋溢着无尽的期待。走进校门，他仿佛置身于一个全新的世界，每一处都充满了未知与惊喜。

他环顾四周，校园内的每一道风景都仿佛为他而设，那独特的校园文化如一股清流，瞬间洗涤了他内心的尘埃。每位老师都洋溢着热情的笑容，那种亲切与关怀仿佛是一束束温暖的阳光，直射他心底最柔软的地方，让他感受到了前所未有的家的温暖。

当他目光触及实训教学楼墙上那一排排熠熠生辉的获奖证书时，他心中的激动如潮水般汹涌澎湃。那些证书不仅是学长学姐们辛勤付出的见证，更是学校实力的象征。他仿佛看到了自己未来的影子，那些荣誉与成就似乎触手可及。他知道，这里就是他追寻梦想、实现理想的圣地。此刻，他的心情无比激动，仿佛所有的努力与付出都将在这里得到回报。

入学后，由于他的基础还不错，通过分班考试，他顺利进入了对口班1702班，在对口升学的路上，迈出了坚实的第一步。回忆起在母校的日子，那些青涩又充实的岁月恍如隔日，历历在目。

每当提及对口班，陈威的心中总会涌起一股深深的亲切感。在那个班级里，他不仅收获了知识，更在老师们的关爱与指导下，找到了人生的方向。

他特别感激班主任周灵芝老师，每日晨曦中，周老师总是第一个踏入教室的人。记得有一天早晨，陈威因为前一天晚上熬夜学习，第二天早自习时不小心睡着了。周老师走到他身边，脱下自己的外衣轻轻披在他的身上，并等到陈威醒后微笑着对他说："学习也要注意身体，别太累了。"那一刻，陈威感受到了家的温暖。

在文化课学习中，语文老师周灵芝给陈威留下了深刻的印象。周老师总是能把枯燥的古文讲得生动有趣，让陈威对历史文化产生了浓厚的兴趣。有一次，陈威在作文中表达了自己对未来的迷茫，周老师在评语中写道："人生就像一场旅行，迷茫是途中的风景，而坚定是前行的脚步。相信自己，你会找到属于你的方向。"这番话让陈威豁然开朗。

电子电器专业课老师有邹智敏、李荣斌、肖慧君等老师，特别是李荣斌老师，是一位严谨而专注的学者。这门课程对陈威和同学们来说，既陌生又具有挑战性。为了引领他们深入探究专业领域的奥秘，李老师每堂课都采用实际操作教学，方式具体又直观。他也总是耐心地解答同学们提出的问题，不遗余力地为他们解惑。有一次，陈威在实验中遇到了困难，李老师陪着他反复尝试，直到深夜才找到问题的症结所在。那一刻，陈威深深地感受到了李老师对学术的热爱和对学生的关心。

在那三年里，这些老师用他们的智慧和热忱点燃了学生们内心对知识的渴望。他们不仅将专业知识倾囊相授，更在点滴细节中教会了学生们如何独立思考、塑造品格、与人相处以及应对生活的种种挑战。每当学生们在人生的道路上迷茫困惑时，他们总会及时出现，用智慧的光芒为学生们指明方向，用鼓励的话语推动学生们不断前行。

在老师们的悉心指导下，陈威不仅坚定了自己的成长方向，还在追逐梦想的道路上收获了宝贵的经验和深刻的启示。这份感激之情将永远铭刻在他的心中，成为他不断前行、不辜负老师期望的强大动力。

陈威至今仍清晰地记得同学们之间的深厚友情与积极向上的竞争氛围。那三年里，他们共同在知识的海洋中遨游，彼此探讨问题、分享学习心得，相互激励、共同进步。每当遇到困难，彼此都会伸出援手，携手共渡难关。同时，他们之间也保持着一种良性的竞争关系，这种竞争并非简单的你追我赶，而是激发他们更加专注于学习，不断挑战自我，努力超越。每一次的考试、每一次的项目合作，都是他们展现才华、互相学习的舞台。这种竞争让他们更加珍惜每一次提升自己的机会，不断挖掘自己的潜力。

特别是回想高三那年，陈威和同学们仿佛都上了发条，天未破晓，他们便踏上了新一天的征途。清晨的微风带着丝丝凉意，轻轻拂过面颊，却也唤醒了他们内心的热情与渴望。匆匆洗漱后，他简单应付了早餐，便步履匆匆地穿过校园的小径，径直前往教学楼。在这座熟悉又温馨的教学楼里，他置身于知识的海洋，复习着高考的每一个知识点，像海绵一样贪婪地汲取着智慧的甘露。阳光透过窗户洒落在书桌上，每一束光线都显得那么温柔而坚定。它们默默地见证着他的坚持与努力，陪伴着他度过了一个又一个充实而美好的日子。每当阳光洒在他的脸上，他都能感受到一种无比的温暖与力量，阳光仿佛在轻声细语地告诉他：只要持之以恒，必能收获甜美的果实。

那段时光虽然充满了艰辛与汗水，但却是陈威人生中最宝贵的财富。正是这些宝贵的经历，如同一块块璀璨的宝石，镶嵌在他人生的道路上，塑造了他今天的自己。他将永远珍视这些回忆，感激守护、培养他成长的老师们，感谢与他共同成长的同学们。

至今，陈威还与母校的老师和同学们保持着密切的联系。他们时常在社交媒体上互动，分享彼此的生活和学习心得。每当有机会回到母校，陈威总会去感受那份独特的校园文化氛围和亲切感。对他来说，长沙市电子工业学校不仅仅是一所学校，更是一个充满温暖与回忆的家。在那里，他度过了人生中最宝贵的时光，母校不仅为他铺设了通往知识的道路，更在他心中播下了坚韧不拔和追求卓越的精神种子。在这里，他逐步掌握了学习的方法，学会了深入思考，更铸就了坚韧不拔的品格，以应对生活的各种挑战。

在老师们的精心指导和自己的不懈努力下，陈威凭借坚定的信念和扎实的基础知识，在校三年，多次荣获"优秀学生""技能竞赛优胜者"等荣誉称号和奖项。这些荣誉和成就不仅是对他过去努力的肯定，更是对他未来继续努力的鞭策。他深知，在成长的道路上，还有很长的路要走，他将继续努力，不断塑造更好的自己。

2020年，在职高对口高考的激烈竞争中，陈威凭借坚韧不拔的毅力和不懈的努力，最终以耀眼的成绩成功踏入了湖南农业大学的殿堂。站上湖南农业大学这个新的人生起点，陈威的眼中闪烁着对未来的无限憧憬和期待。

砥砺前行，大学舞台再展宏图

进入大学校园，他接触到了前所未有的广阔知识领域。他对于学习的热情，仿佛高中时代的那份执着被时间精心雕琢，愈发显得深沉而热烈。每当他坐在课堂上，双眼透露着对知识的渴望，老师的每一个字、每一句话，都如甘甜的清泉般，滋润着他内心的求知欲。他倾听着，感受着知识的涓涓细流汇聚成智慧的海洋，那份震撼与敬畏，让他仿佛置身于一个神秘而广阔的世界。与此同时，他也幸运地遇到了很多博学多才的老师和一群志同道合的优秀同学。他们的智慧和热情，如同明灯一般照亮了他前行的道路，让他受益匪浅。

同时，为了使自己更加全面、优秀，陈威积极参与并广泛涉足各类学术研究和实践活动，这不仅让他深化了对专业知识的理解，更让他在实践中不断挑战自我、超越自我。每一次的实验室研究、每一次的课题探讨，都让他更加热爱这个专业，更加坚定他追求学术的道路。

除了学术上的追求，陈威也注重拓展自己的兴趣爱好和扩大自己的社交圈子。他加入了学校的各种社团和兴趣小组，与志同道合的朋友们一起探索未知、分享快乐。这些经历不仅丰富了他的大学生活，更让他在社交中学会了如何与人相处、如何团结协作。

大学的生活如同一本厚重的书，每一页都充满了挑战和机遇。在这里，陈威经历了从稚嫩到成熟的蜕变，从迷茫到坚定的成长。他更加明确了自己的目标和方向，也更加坚定了自己追求梦想的信念。

展望未来，陈威有着清晰的目标和规划。他希望能够通过大学的学习和实践，为将来的职业生涯打下坚实的基础。他梦想着在教育技术领域取得突破性的成果，为国家的教育技术现代化贡献自己的力量。同时，他也希望能够成为一个有社会责任感、有担当的人，为社会的发展和进步贡献自己的智慧和力量。

✦ 祝福母校

如今，我已从长沙市电子工业学校毕业多年，但那段青涩而充实的岁月依然深深烙印在我的心头。我衷心感谢母校为我提供了如此优良的学习环境和丰富的教育资源，使我得以茁壮成长。我深深感激每一位老师的悉心教导和无私关怀，他们不仅传授给我宝贵的知识，更教会了我如何做人，如何勇敢地面对挑战。在未来的日子里，我将继续努力学习和提升自己，不辜负母校对我的期望和栽培。同时，我也衷心祝愿母校能够继续蓬勃发展，为社会培养出更多优秀的人才，为社会的进步和发展贡献自己的力量。

✦ 寄语学子

亲爱的学弟学妹们，愿你们珍惜在校的每一刻时光，勇敢地追逐自己的梦想。在独立思考中砥砺前行，不断拓宽自己的视野，拥抱无限可能。母校会为你们的每一次努力而骄傲，我深信你们的未来定将璀璨夺目，充满希望。加油，未来属于你们，可期可待！

学术之路，跨越三境

电子小档案

邓天毅，男，湖南长沙人，2016年毕业于长沙市电子工业学校1302班。班主任胡贵树老师。2016年通过对口高考，就读于湖南师范大学应用电子技术教育专业，2020年保研直博为湖南大学电气工程专业的博士生至今，目前通过CSC(国家留学基金委员会)联合培养项目，以访问学者的身份在日本筑波大学情报系学习。

在邓天毅的人生旅途中，并没有太多戏剧性的转折，也没有令人惊叹的奇迹。然而，正是这些看似平凡的日子，那些微不足道的瞬间，共同编织成了他奋斗的篇章。今天，我们来分享他人生中的一些故事，这些故事或许在他人看来平淡无奇，但对于他来说，却是心中最宝贵的记忆。

挣扎与崛起

在初中时期，邓天毅经历了一段颇为艰难的时光。那时的他，成绩并不突出，经常成为别人眼中的"差生"。而他，也在这样的环境中逐渐失去了自信，开始怀疑自己是否真的适合走读书这条路。他的亲人们也开始对他产生疑虑，他们担心他未来的道路会越走越窄。

然而，正是这样的困境，激发了他内心的斗志。他不甘心就这样被否定，他想要证明自己的价值。于是，他开始努力学习，试图用成绩来证明自己。他利用课余时间请教老师、同学，不断弥补自己的不足。虽然过程充满了艰辛和挫折，但他从未放弃过。渐渐地，他的成绩开始有了起色，他也逐渐找回了自信。

2013 年，邓天毅经历了人生中的一次重大打击——中考失利。手握1A4B1C 的成绩单，他深知自己与那些优秀的高中无缘。加之家庭和他自身都缺乏信息检索的能力和经验，他错过了第一时间寻找其他高中的机会。当他意识到需要采取行动时，时间已经悄然流逝，机会似乎不再为他敞开。

尽管他们曾在无助与焦虑中挣扎，但最终还是找到了一个普通高中。然而，当他们满怀憧憬地去了学校时，却意外地感受到了刺骨的冷漠。在炎炎烈日下，他们被校方负责人冷漠地置于一旁，像是被遗忘的角落，默默等待了数小时，汗水浸湿了衣背，心也逐渐冷却。他感受到一种从未有过的无助和失落，仿佛整个世界都对他关上了门。

然而，正是这样的经历，让他更加坚定地认识到，希望和未来并非完全依赖于外界，而是需要自己去创造和争取。于是，在寻找新起点的道路上，他遇见了意想不到的转机。

在回家的路上，一场意外的邂逅如同曙光般照亮了他前行的道路。长沙市电子工业学校的志愿者们，如天使般降临在他们身边。他们不仅为他递上了清凉的水，更用温暖的笑容和耐心的讲解，细致入微地向他描绘了他们学校的环境和设施。

成长与蜕变

在志愿者的热情带领下，邓天毅和父母一起参观了长沙市电子工业学校的校园环境，这是他从未有过的体验。宽敞的教室配备了先进的教学设备，图书馆里有着丰富的藏书和安静的阅读环境。而学校的实训室更是让他眼界大开，实训室干净整洁，实训设备一应俱全，仿佛是一处专为创新和探索而生的圣地。学校的每个角落都透露着严谨与专业的气息，让人一踏入其中，便能感受到学术的魅力和实践的乐趣。

在就读长沙市电子工业学校后，更让他难以忘怀的是，那些在学校中默默耕耘的老师们。他们仿佛是时光的守护者，不仅拥有丰富的教学经验，更怀揣着对教育的炽热情感和对学生无微不至的关爱。

课堂上，老师们总是用那充满智慧的双眼，注视着每一个学生。他们手中的粉笔在黑板上轻盈地跳跃，每一个字、每一个符号都仿佛在诉说着知识的奥秘。他们巧妙地运用生活中的生动案例，将抽象的知识具体化，用深入浅出的语言，将复杂的原理剖析得清晰透彻。学生们仿佛置身于一个知识的魔法世界，被老师们引领着，一步步走向智慧的殿堂。

而在课后，老师们并没有停下他们的脚步。他们总是耐心地倾听学生们的疑问，用细致入微的解答消除学生们的困惑。他们的脸上总是挂着和煦的笑容，用鼓励的话语激发学生的自信，鼓励他们勇敢地追求自己的梦想。他们的身影，仿佛是一盏明灯，在学生们迷茫时给予指引，在学生们挫败时给予慰藉。

那些细节，如同珍珠般散落在邓天毅的记忆中。他记得，有一次他因为专业课一道难题而苦恼不已，电子技术课邹智敏老师耐心地为他讲解，直到他完全理解为止。他记得，有一次他因为成绩不理想而沮丧，也是邹老师鼓励他不要放弃，要相信自己一定能够成功。这些温暖的瞬间，如同一股暖流，在他的心中涌动，让他感受到了教育的力量和老师们的关爱。

在长沙市电子工业学校，邓天毅感受到了前所未有的支持和鼓励。志愿者们的热情、学校的优越环境以及老师们的悉心指导，都让他重新找回了自信。他深知，自己需要付出更多的努力来弥补过去的遗憾。于是，他更加努力学习，积极参与各种活动，努力提升自己的能力和素质。就像武侠小说中的英雄人物一样，他渴望用自己的行动证明自己的价值，让那些曾经怀疑他、否定他的人刮目相看。他坚信，只要足够努力，就一定能够在这所学校里实现自己的梦想。长沙市电子工业学校不仅为他提供了宝贵的学习机会，更成为他成长的摇篮。在这里，他变得越来越自信，找到了前进的方向。

最终，他在2016年对口高考中脱颖而出，成功考入湖南师范大学应用电子技术教育专业。

挑战与突破

然而，命运的挑战在邓天毅进入大学期间并未停下脚步，他再次陷入了巨大的压力和挑战之中。环顾四周，同学们都在为综测而奋斗，他们活跃于各种社团活动、修炼太极拳，并与老师建立深厚的联系。而他，相比之下，却感到自己有些笨拙，不知所措。他试图维持以往的学习节奏，但高数课程却像一道难以逾越的障碍，横亘在他面前。每次上课，那些复杂的公式和理论都令他感到迷茫，课后的复习更是让他投入大量的时间和精力，只为勉强理解个大概。而大二大三的专业课更是如同无尽的迷宫，满是理论推导，让他倍感焦虑与困顿。然而，正是这些困境，让他更加坚定自己的信念。他深知，只有通过自己的努力，才能弥补自己的不足，让自己变得更加出色。于是，他开始加倍努力地学习，不再畏惧困难。他主动寻求老师和同学的帮助，虚心向他们请教，从中汲取知识和经验。

为了提升自己，邓天毅还利用课余时间，积极参加各种学术讲座和研讨会，渴望通过这些活动拓宽自己的视野，丰富自己的知识体系。同时，他也开始关注自己的身心健康，努力保持积极乐观的心态，让自己在面对挑战时更加从容不迫。正是由于与中职同样的经历，在 2020 年他被保研直博为湖南大学电气工程专业的博士生。

邓天毅的求学经历虽然艰难，但正是这些让他成长了许多。他逐渐学会了如何面对困难，如何调整自己的学习方法和心态。他相信，只要持续努力，不断进步，最终一定能够战胜这些挑战，实现自己的梦想。

在邓天毅的研究生征途上，他同样遭遇了一连串的挑战与艰难。有了之前的经历，这些并未让他退缩，反而激发了他内心深处的斗志。他勇敢地涉足了一个前沿领域，致力于研发基于肌电信号、肌阻抗信号以及尖端人工智能算法的三电极眼动、眨眼识别系统。这个创新性的构想犹如一颗璀璨的星辰，在科技的天空中熠熠生辉。然而，星辰的光芒也面临着乌云的遮挡。在系统的实际运用中，他遭遇了前所未有的难题。每当用户稍有移动，系统的准确性就如同悬崖上的秋叶，摇摇欲坠。那一刻，他仿佛被冰冷的现实浇了一头冷水，心中的挫败感如潮水般涌来。但是，他并未被击垮。他深知，每一个伟大的创新都需经历无数次的失败与磨砺。于是，他毅然决然地挺直了腰板，开始不断地尝试、改进。他沉浸在数据的海洋中，寻觅着解决问题的线索；他请教专家，与他们深入探讨，寻找可能的突破点。每一次的失败，都成为他前进的动力；每一次的挫折，都铸就了他更加坚定的信念。

虽然目前研究尚未取得突破性的进展，但他坚信，只要持续努力、坚持不懈，终有一日能够找到那把开启成功之门的钥匙。他期待着那一天的到来，期待着他的三电极眼动、眨眼识别系统能够像璀璨的星辰一样，照亮科技的天空，为人类的生活带来便捷与舒适。

在回顾自己的奋斗历程时，邓天毅深刻体会到挫折和困难对个人成长的重要性。正是这些挫折和困难让他更加坚强和成熟；正是这些困难让他更加珍惜现在的成功和喜悦。他感激那些曾经怀疑他的人，是他们让他更加坚定地走在人生的道路上追寻自己的梦想和光芒。

同时，他也深刻领悟到学习方法的重要性。在职校的时候，他经常向老师请教，因为他深知自己并非天赋异禀，只有通过坚持不懈的学习才能弥补自己的不足。他会反复向老师请教，直到彻底理解问题的实质。同时，他也善于运用控制变量法和穷举法去定位问题所在，这些方法虽然简单，但十分高效实用。如今，他依然依赖这些方法，不断学习，探索未知的世界。

✦ 祝福母校

时光匆匆，在长沙市电子工业学校的日子，已成为我心中不灭的印记。教室、实训室、图书馆，还有那些悉心教导的老师，都深深烙印在我心。

母校，感谢您赋予我知识的羽翼，让我在知识的天空自由翱翔；感谢您教会我坚韧，让我在人生路上勇往直前。愿您永葆青春，继续培养更多杰出人才。

✦ 寄语学子

亲爱的学弟学妹们，踏入这智慧之地，请怀揣梦想与勇气，追寻自己的未来。面对挑战，请坚定信心，失败只是通往成功的垫脚石。珍惜在校时光，找到适合自己的学习方法，保持好奇心，探索未知。愿你们在长沙市电子工业学校收获知识、成长与梦想。加油，未来的你们定会更加辉煌！

03

蝶变人生三十年

🔊 电子小档案

　　何瑶琴，女，长沙市人，1997 年毕业于长沙市电子工业学校 94(3) 班，班主任李平松。1997 年毕业后，何瑶琴参加工作的同时主动进修大学学历，后又进修研究生学历，获得 IAF 国际引导师协会的专业引导师认证证书、商业模式规划师证书等多项专业能力证书。近十年来多数时间旅居国外，间或回国工作，目前还担任国内外数家大型企业管理与改革的辅导顾问。何瑶琴长期关注公益事业，是深圳市公益救援队成员，曾积极推动《中华人民共和国精神卫生法》立法改革、职业病与女性儿童保护等公益工作。

　　人生使命：以对话推动社会的正向改变。

自由选择源于自主学习

　　人生如果可以选择，幸福感自然会大大提升；而选择项太多，又会不知道珍惜而不知何去何从。何瑶琴却在这种动态不平衡和平衡中游刃有余，去创造、去前行。

　　在年少的时候，何瑶琴没多少选择：读

书，在一个小地方待着，固定一个专业，接触的人也很有限……就像在一条狭窄的道路上，不得不前行，走得又有些别扭。

往前走着走着，蓦然回首，来时的路突然间就宽了，譬如初中毕业的当年，何瑶琴发现不止华山一条道，除了上普通高中，还可以上中专，也可以考大学；又比如专业选的不是自己最理想的，何瑶琴可以自学自己期望的专业；上完大学，还可以根据职业的新方向，再换个专业继续读研……

有些选择是冥冥中注定的，1994 年，她走进了长沙市电子工业学校，只知道杨开慧在这里读过书——"嗯！应该有点底气"，老师也和善——"在这里能过得不错"，绿化校园很漂亮——"精致又完善"。现在回看，当时选择长沙市电子工业学校，都跟自己年少时内在的追求一致：尊重的文化，在意素养而不只是知识的积累，明确自己想要什么而不是乌合之众般地随波逐流。

从 1994 年入校，到今年的 2024 年，2024－1994＝30，这道简单的数学题一算出来，何瑶琴惊讶地发现，自己与百年名校——长沙市电子工业学校的结缘，居然如此之久。

30 年，何瑶琴的自由选择有了几个变化：毕业来到深圳工作——工作岗位转换——升级专业——出国。每一次的选择，都在更趋近自己内在的追求。

是什么支撑着一个人能够有如此的自主性？——是谌伯纯校长！在当年的学生会会议中，谌校长每次给学生的讲话，对年少的何瑶琴来说都充满吸引力，会后，通过消化和理解，她总是能清晰而准确地传递给同学们，与同学们一起成长。在学雷锋小组，本来是同学们组队帮扶老教师们，但实则经常有机会聆听老教师们的故事，老教师们的一言一行无不启迪着何瑶琴和同学们，有很多生动的故事情节她至今记忆犹新。在学校的学习和生活中，教导主任、班主任老师、每一位任课教师的关爱和默默支持，让同学们能心无旁骛地学习、成长。那些看似细碎的日常，让同学们潜移默化养成了自主学习的习惯。

多元锻炼造就成长蝶变

如今的何瑶琴，职业、成熟，自身的专业有了一定的高度。作为全国为数不多的国际认证专业引导师 CPF，何瑶琴曾经多次充满感情地复盘自己的成长经历，每次复盘，必定有一长段经历是在长沙市电子工业学校，那三年的学校生活中，学校的多元锻炼让何瑶琴的生命力逐渐展开……所有的过去是现在的基础，过去成就现在，成就未来，所有过往，皆为序章：

过去——何瑶琴每年都参与学校组织的演讲、辩论比赛，尽管普通话带着一些乡音，甚至偶尔遭到同学们窃笑，但老师们却每次都是热情的肯定，都是满满的欣赏和认可。年少的何瑶琴，在真切的成败和荣辱中提高了逻辑与思辨能力，精神和能力在这个过程中升华。现在——作为一个高级企业管理顾问，何瑶琴经常高屋建瓴地给企业管理层处理复杂问题，能在复杂问题中保持清晰的洞察力。

过去——日常的学雷锋小组，去"看望"老教师们，蹭零食和电视，听他们讲过去的故事，偶尔给他们做点事情，这过程中，何瑶琴发现人与人的联结是如此的美好。现在——面对任何磨难，最重要的依然是人与人的联结与温度、爱，可以支持着人跨越一切的难题。

过去——班级同学之间的团结和相互支持，同学的友情，多年不变。现在——这么多年，每年都被同学记得生日，不是亲人，却时常记挂，同学手足之情尤为珍贵。

过去——教学活动中的动手实践，那些细节讲究、动作打磨，甚至打螺丝不要一次钉紧这个细节，都锻造着自己的能力。现在　　在后面多年的工作中，这些严谨细致工作作风，在她从事的不同的职业中，都在延用。何瑶琴的客户很稳定，因为何瑶琴对自己的工作质量交付标准是：到位+出彩。

当然，长沙市电子工业学校丰富的校园生活中，老师们的自信与自在、对同学们的关心与关爱，无形中，潜移默化地给了何瑶琴深刻的影响：还记得班主任的教导中，有很多话欲言又止，三缄其口，想要让同学们明事理，又想保护同学们的自尊心；还记得教导主任在何瑶琴入学时，在何瑶琴的父亲想要分期交学费时给予的支持，后面好些年，他还一直在默默地关心何瑶琴；还记得语文老师穿衣风格的变化，让何瑶琴意识到一个女性在有知识的同时还可以随时保持自信优雅；还记得那个中分头发明星般帅气的男老师，让同学们看到知识跟个性原来也是非常好的搭档；还记得那个有点口音的老师，让同学们在学习中要"胆大、心细、脸皮厚"，何瑶琴把这个原则用在了后来的工作中，现在她的核心工作团队"弯得下腰，下得了水，脏得了手，脸皮还得厚"。

哈哈！多么鲜活而有意思的老师们，你们肯定没想到，会有这么多细节，会被同学们深深地怀念和记忆犹新吧！

沉着成熟与多元修为

以前的何瑶琴，特别羡慕名牌大学毕业的朋友们，有天碰到一个武汉大学毕业的朋友，无意中问起他在大学学到了什么，这个朋友告诉她——"学习到如何去学习"。这句话，在何瑶琴脑海中盘旋很多年，如今，何瑶琴发现自己终于对这句话有了深刻的理解，自己也形成了这种能力，在多元修为和锻炼中，已经有规律地导向怎样去学习。

纵深：每年何瑶琴都会给自己预算一笔学习费用，向一个学科的源头的顶级专家学习，学习他们的专业做法，也学习他们如何去把事情做好的内在状态。

横向：核心专业周边的知识体系，何瑶琴都要有所掌握。组织发展、心理学、商业模式、变革、战略、视觉、戏剧……学过的知识体系，何瑶琴有一个长长的清单，学无止境，总会有新的发现。

内在：专业能力的发展，伴随着内在的进化，每一次被艰难卡住的点，一定有自己内在没有修过的关，贪、嗔、痴、慢、疑，总有一点把自己卡住了。内省、觉知，总会发现自己需要从内部调整的逻辑，每次的自我调整，都会有新的世界打开。

生活还会向前，自从更多地知道什么是自己"不想要的"，何瑶琴也就更多地看见自己"想要的"。不想要——躺平、油腻、无谓的内卷与随波逐流；想要——拥抱世界，追求真实和自我。

何瑶琴在长沙市电子工业学校的三年求学，与后面这二十七年的工作和生活，到底有多大关联，很难用公式去计算和对应。只是回忆起来，很多记忆的碎片，组合在一起，就看到了过去和未来的画面。在这条历史的长河中，何瑶琴不断成长，也时常在转身中蝶变，有修炼，也自有安排，感恩所有的遇见！感恩曾经走过的岁月！

✦ 祝福母校

当何瑶琴穿越到50年后的母校，看到这样的画面：老师们依然很有活力、有思想，同学们怀揣着梦想，紧跟自己的追求，有着独立思考的能力。毕业后的同学们，散布在世界各地重要的岗位，自信地发展，为成长为更好的自己而努力，同学们为彼此自豪！

✦ 寄语学子

愿学弟学妹们都眼里有光，心中有爱，目光所及，皆是美好！

04

一位仍然奋斗在求学路上的奔跑者

🔊 **电子小档案**

刘铭韬，男，湖南株洲人，2020 年毕业于长沙市电子工业学校电气运行与控制 1707 班，班主任张云老师。现就读于南华大学计算机学院物联网工程专业。

逐梦破浪，他的人生旅途充满了挑战与机遇。他用自己的汗水和智慧，打破了人们对中职生的固有偏见，展现了中职生独特的魅力和潜力。在求学的道路上，他从未停歇，始终保持着对知识的渴望和对梦想的追求。他的故事，激励着无数像他一样的中职生，勇敢追求自己的梦想，书写属于自己的精彩人生。

逐梦破浪

长久以来，中职学校与中职生都常常笼罩在误解的阴影下。然而，刘铭韬，这位曾经的中职学生，现已在南华大学计算机学院的物联网工程专业深造，踏上了研究生备考的征程。他以自己的成长经历为证，向众人骄傲地展示了：中职生同样有能力书写出精彩绝伦的人生篇章。

刘铭韬的成长之路并非一帆风顺。中考的失利曾让他陷入迷茫，然而，当他踏入长沙市电子工业学校的大门时，班主任张云老师以耐心与智慧为他拨开了迷雾。张老师察觉到他心情低落，于是主动找到他，耐心倾听他的困惑和迷茫。在张老师的开导和鼓励下，刘铭韬逐渐走出了阴霾，重新找回了自信和动力。

刘铭韬永远记得初入学校的那一天，阳光透过树梢洒在校道上，张老师站在教室门口，用温暖的目光迎接每一位新生。当刘铭韬走进教室时，张老师主动走上前来，与他握手并询问他的兴趣和爱好。在得知刘铭韬在初中任过班干部后，张老师鼓励他积极参与班级活动，并推荐他竞选班长。

在竞选班长的过程中，张老师给予了刘铭韬巨大的支持和鼓励。他帮助刘铭韬修改竞选演讲稿，让他在讲台上更加自信地展现自己。当刘铭韬站在讲台上紧张地发表竞选演讲时，张老师坐在台下微笑着向他点头，传递着信任和力量。最终，刘铭韬成功当选了班长，张老师的掌声最为热烈。

这次经历不仅让刘铭韬重新认识了自己，也让他与张老师之间建立了深厚的师生情谊，更让他看到了自己的潜力和能力。他意识到，只要努力付出、坚持不懈，就一定能够赢得他人的认可和尊重。他变得更加自信、坚定，对未来充满了希望和憧憬。

从此以后，刘铭韬成了班级中的佼佼者，在各项活动中展现出了出色的领导才能和组织能力。他用自己的实际行动证明了张老师的眼光没有错，也为自己的人生道路奠定了坚实的基础。

中职，是刘铭韬人生中的一段重要旅程，也是他梦想起航的起点。在那里，他度过了青春中最宝贵的岁月，那里不仅承载着他的梦想，更见证了他的成长与蜕变。

刘铭韬学习的电气运行与控制专业，对他来说既充满挑战又富有乐趣。尤其是专业课刘国云老师严谨的治学态度和深厚的专业知识，深深吸引了他。刘国云老师在课堂上总是能准确捕捉到他的疑惑，耐心解答，并鼓励他深入探究。这种互动让刘铭韬倍感温暖，也坚定了他加入刘老师组建的技能竞赛团队的决心。

在竞赛队的两年里，他与刘国云老师的互动更加频繁。刘老师不仅是他的指导老师，更是他的精神支柱。每当他在实训室里因解不出赛题而苦恼时，刘老师总会及时出现，用平和的语气引导他逐步分析问题，帮助他找回解题的思路。有一次，他面对一个复杂的程序结构问题束手无策，刘国云老师耐心地与他一起熬夜调试，共同寻找解决方案。在刘老师的鼓励和引导下，他历经四个小时的努力，终于攻克了难题。那一刻，他看到刘老师眼中闪过的满意与骄傲，心中充满了感激和自豪。

除了专业上的指导，刘国云老师还注重培养他的团队协作精神和心理素质。在备战竞赛的过程中，刘老师经常组织团队成员进行心理调适训练，教他们如何面对压力和挑战。这些经历不仅让刘铭韬在技能上有所提升，更在心灵上得到了成长。

面对竞赛的严峻挑战和老师同学的期望，刘铭韬始终不懈努力。课余时间，他常常与刘国云老师一起探讨程序结构、研究新程序架构。刘老师总是耐心地倾听他的想法，给予宝贵的建议和指导。每一次的交流都让他受益匪浅，为他后续的竞赛之路奠定了坚实的基础。

在刘国云老师的精心指导和团队的共同努力下，刘铭韬代表学校参加了多次技能竞赛，并荣获中职组学生"机电一体化设备组装与调试"赛项的省一等奖和二等奖。当他站在领奖台上时，心中充满了对刘国云老师的感激之情。他知道，这些荣誉的背后离不开老师的悉心教导和无私付出。这些经历不仅让他收获了学术上的认可，更让他学会了坚持与努力，成为他人生道路上的宝贵财富。

经过中职阶段的不懈奋斗，刘铭韬凭借出色的成绩和卓越的能力，成功获得了保送至长沙民政职业技术学院的宝贵机会。这意味着他将在更宽广的学术天地中，继续深化他的学识，提升他的技能，为实现更远大的梦想而努力奋斗。

光芒初绽

踏入新的学习环境，刘铭韬深知这里将充满未知的挑战与机遇。然而，他并未因此感到畏惧，反而更加激发了内心的激情和动力。为了更全面地锻炼自己的能力，他制订了详细的学习计划，并投入更多的时间和精力去钻研专业知识。周末，他常常沉浸在图书馆的静谧之中，翻阅着各种专业书籍，努力拓宽自己的知识视野。

除了课堂学习，刘铭韬还积极寻求实践机会，加入了移动应用开发社团，并荣幸地担任了副会长一职。在这个团队中，他不仅学会了如何与团队成员协作，还通过组织活动、培训新人等方式，不断提升自己的领导力和组织协调能力。他经常利用晚自习的时间，为大专的学弟学妹们讲解 Java 语言的相关知识，帮助他们解决学习中遇到的难题。在技术的海洋里，他们共同探索、共同进步，享受着每一次突破自我带来的喜悦。

在大专的学习期间，刘铭韬始终保持着对知识的渴望和对技能的追求。他不仅在学业上取得了优异的成绩，还积极参加各类技能竞赛和项目实践。通过不懈努力，他荣获国家励志奖学金和校级奖学金，这些荣誉不仅是对他努力的肯定，更是对他未来的激励。在高职组"楚怡杯"移动应用设计与开发赛项中，他凭借扎实的专业知识和出色的实践能力，带领团队荣获省一等奖。这一成绩的取得，不仅是他个人能力的体现，更是他们团队共同努力的结晶。

回顾这段经历，刘铭韬深感自己在锻炼能力方面取得了显著的进步。无论是学习能力、实践能力还是团队协作能力，都得到了极大的提升。他将这些成绩的取得归功于中职时期打下的良好基础。这些经历将成为他人生中宝贵的财富，激励他不断前行、追求卓越。

当前，刘铭韬正处于升学与创业的抉择关口。一方面，他怀揣着对学术的热爱，正全力以赴地备考南华大学计算机学院的物联网工程专业硕士研究生，期待在知识的海洋中继续深潜，实现学术上的更大突破。另一方面，他在南华大学的学习生活中，不仅取得了优异的成绩，更在班级管理和活动组织中锤炼出了丰富的实践经验。同时，他始终保持着敏锐的市场洞察力，密切关注行业动态和趋势，努力探寻能够激发他创业热情的机遇和方向。在这个重要的时刻，他将综合考虑自己的兴趣、能力和市场需求，作出最为明智的选择。

刘铭韬的升学之路可谓起起伏伏。从初中到长沙市电子工业学校，再到长沙民政职业技术学院、南华大学，他历经风雨，却从未言败。那些曾经的困难和挫折，如今化作他宝贵的财富，让他更加珍视眼前的每一刻学习时光。他深知，学习是通往成功的阶梯，是自我超越的源泉。每一次的坚持与努力，都使他更加坚信自己的职业方向。他怀揣梦想，砥砺前行，只为在竞争激烈的未来，绽放最耀眼的光芒。

祝福母校

回望过去，我对我的母校长沙市电子工业学校充满了深深的感激。是张云老师和刘国云老师等无数辛勤付出的教育者，为我提供了成长的土壤和追梦的翅膀。我想对母校说："感谢您为我创造了翱翔的天空，让我得以勇敢追逐自己的梦想。愿母校的未来更加辉煌，愿母校成为更多学子实现梦想的摇篮。"

寄语学子

我也想对在校的学弟学妹们说："珍惜你们的青春时光，勇敢追寻自己的梦想。不要害怕困难和挫折，因为它们将是你们成长道路上最宝贵的财富。只要你们坚持不懈地努力，未来一定光芒万丈。希望我的成长故事能够激励你们勇往直前，共同书写属于我们自己的精彩人生。"

05

扎根基层　心系群众

电子小档案

　　彭友，女，长沙市岳麓区坪塘街道莲花山村人，2003年毕业于长沙市电子工业学校2000(2)班，班主任王丽。现任长沙市湘江新区坪塘街道桐溪港社区书记、居委会主任，岳麓区党代表。桐溪港社区成立于1960年，位于湖南省长沙市湘江新区坪塘街道，坐落于世界级旅游文化区的核心区域。目前，社区正在全力建设新型文旅社区，构建世界级旅游度假区。

扎根基层　心系群众

她是一位从业 17 年的社区工作者。从流水线员工到社区，无论在何种岗位，工作以来，她都勤学苦练、稳扎稳打，最终用实际行动践行一名共产党员的初心使命，赢得了社区居民的认可、同事的赞许、组织的信任，成了一名合格的党员，一名合格的社区书记。她就是长沙市湘江新区坪塘街道桐溪港社区书记、居委会主任彭友。

勤学苦练　勇往直前

彭友出生在一个普通的农民家庭，她的母亲勤劳朴实，心地善良，她的父亲淳朴厚道，乐于奉献。从小家庭环境的耳濡目染，让她养成了独立自强、勇往直前的品格。在彭友小时候，父母就告诫她，今天幸福的生活是无数革命烈士用生命和鲜血换来的，一定要常怀感恩之心，无论何时，尤其要记得感党恩。

随着时间的流逝，她走入了懵懂的青春期。因为一系列偶然因素，她与长沙市电子工业学校结缘，开始了令她终生难忘、受益匪浅的求学生涯。从此，长沙市电子工业学校成了她梦想起航的港湾。在那里，她度过了人生中最为宝贵和难忘的时光，学校严谨的学风、优秀的师资以及丰富的实践机会，为她未来的工作打下了坚实的基础。

在班级中，她担任班长；在学校里，她担任校团委副书记。在完成学习任务和班级管理的同时，她还带领文学社、广播室等社团高效完成了学校交办的日常工作和各类活动任务，多次获得"优秀学生""优秀团干"等荣誉和一等奖学金等奖励。这样的经历不仅锻炼了她的组织协调能力，也让她在实践中不断提升了自己。

其中，最让她难忘的是 2003 年。那一年，在学校及班主任王丽老师的培养、推荐下，经范坚校长和任飞跃老师介绍，她成为学校发展的第一名女学生党员。当填写入党志愿书时，她是激动的，因为这让她离儿时立志为党做贡献的目标又近了一步；她也是感恩的，学校和老师的培养为她指明了前进的方向，提供了成长的土壤；同时，她也是彷徨的，因为在学校里，比她优秀的学生还有很多。但更多的时候她是坚定的，坚信在未来的日子里，只要自己持续努力，不断学习和进步，就一定能超越自己，不负老师的教诲，不负组织的期望。

2003年7月，威胜集团湖南威科电力仪表有限公司来校招聘15名员工，她成功竞聘。怀着对未来的无限憧憬，她获得了人生的第一份工作。在企业，她从一名普通的流水线员工做到维修部工作人员再做到技术部文员，在整个过程中，她经历了许多困难和挑战，但无论何种岗位，她都时刻牢记企业的宗旨——奉献威科精品，振兴民族工业。

工作中，她兢兢业业、尽职尽责，努力发扬螺丝钉精神，并虚心向身边的同事学习业务知识，通过不懈努力，最终以优异的表现赢得了同事的认可、领导的赞誉，多次被评为"优秀员工"。在白天努力工作之外，晚上她又投入学习中，通过成人高考进入长沙职工大学深造，每天来回奔波，忙到深夜才休息，第二天又以饱满的精神状态进入工作中。充实的生活让她忘记了苦和累，更多的是自豪和满足。两年的努力坚持不仅让她在职业上有所成就，更在学业上不断进步，也让她在后续的职业生涯中更具竞争力。

转换方向　扎根基层

2006年12月，彭友迎来了一个新的转折，她听说家乡正在招聘大学生村官，她认为这是一个难得的机会，也是回馈家乡、服务基层的契机。通过严格的笔试、面试，她顺利入围。于是，她毅然放弃了原本上市公司的稳定工作，选择回到家乡，投身到农村基层工作中。

2007年1月，她正式入职，成为一名普通的社区工作者。在这个岗位上，她运用在学校学习的计算机应用与维修专业技能，为社区居民群众提供了优质的服务。无论是处理居民纠纷、组织社区活动，还是协助居民解决各种生活问题，她都办得十分稳妥，并且总是用心去了解每一位居民的需求和困难，积极寻找解决问题的方法。她对待居民的态度亲切友善，总是笑脸相迎，让居民群众感受到了家的温暖。此外，她还善于与领导和同事沟通协作，准确理解领导的意图和要求，积极配合完成工作，这种良好的沟通和协作能力也使她在团队中赢得了尊重和信任。

2008年，她有幸借调到拆迁指挥部工作，这给了她一次很好的锻炼机会。拆迁工作采用"5+2，白+黑"工作机制，时间紧、任务重、要求高，经常要奋战到深夜，而她却没有丝毫怨言，一直默默地奉献着自己的热血，希望为家乡的建设贡献自己的一份力量！

后来，她又被借调到坪塘镇党政办工作。党政办作为综合性科室，承担的工作职责较重，日常工作十分琐碎。她主要负责信息上传下达、会议会务、公章管理、文件印发、后勤保障等工作。通过扎实工作、团结协作，她高效地完成了各项工作任务。此次岗位锻炼也让她懂得了做什么事情都应从细节做起，从小事做起。

2010年，在她女儿出生2个月后，她依然坚持参加湖南农业大学本科自考。孩子在考场外哇哇大哭，而她却要专注于考试。最终她的努力和坚持为自己赢得了本科文凭，也为孩子树立了一个榜样。

2017年4月，在组织的培养和居民群众的信任与支持下，她当选为桐溪港社区书记、居委会主任，并利用工作之余，取得了"中华人民共和国社会工作者职业水平证书"。多年的学习与锻炼，让她积累了丰富的工作经验，拥有了良好的职业道德和较强的工作能力，养成了攻坚克难、踏实肯干的工作作风，具备了严于律己、以诚相待的人格品质。或许青春时，她有过一丝丝的后悔，或许有些时候群众的不理解、不支持，让她有过一点点的灰心，或许自己拼尽全力也未能收获自己想要的结果时，有过放弃的念头，但看到人民群众期盼的目光，组织殷切的希望和内心原本的那份初心，她在扎根基层服务群众的路上，无畏艰难，勇毅前行。

心系群众　一往无前

作为社区书记、居委会主任，她带头参加扶贫帮困、环境保护等党员志愿服务活动，积极走访、看望辖区低保户、残疾人、孤寡老人等困难弱势群体，用自己的一言一行引导党员发挥在工作、生活等各领域中的先锋模范作用。2017年，特大洪水来袭，为打好防汛攻坚战，她24小时不分昼夜，严防死守，冒着风雨不间断巡堤查险，走访受灾居民，排查安全隐患，保障群众生命财产安全。2021年春节期间，新冠疫情来势汹汹，她牢记党员身份，坚守在疫情防控的工作岗位上，化身成宣传员、快递员、服务员、排查员，为辖区企业、居民提供消杀指导、心理疏导、体温检测等各类服务，不畏辛苦，默默奉献，用自己的实际行动践行着初心使命。

疫情就是命令，她作为基层的党组织书记，经受了来自各方的考验，在面对挑战时,她从不懈怠推诿;在面对困难时,从不惊慌失措;在面临任务时,从不畏缩不前。正因为她以身作则、主动担当、统筹调度,社区整体抗疫形势良好,措施管控有力,较好地完成了党和人民交给的任务,她也兑现了自己的承诺,成了一名合格的党员,一名合格的社区书记。

祝福母校

她的故事激励着无数电子工校的学子砥砺前行、逐梦未来。她能取得今天的成绩,不仅仅是个人的荣耀,更是母校教育的成果与骄傲。因此她想对母校说:"感恩母校栽培,让我茁壮成长!愿母校桃李芬芳,人才辈出,教育之光永照,学子前程似锦!"

寄语学子

她想对学弟学妹说:"亲爱的学弟学妹们,在求学的道路上,愿你们珍惜时光,努力学习,用自信和勇气面对每一个挑战,相信未来的你们,一定能实现自己的人生价值,为母校增光添彩!"彭友的事迹只是众多校友事迹的一个缩影,在未来的日子里,相信会有更多的电子工校学子在各自的领域中发光发热、创造辉煌。

06

逐梦青春，铭记师恩筑未来

🔊 电子小档案

佘志霖，男，湖南邵东人，2020年毕业于长沙市电子工业学校1702班，班主任周灵芝老师。毕业于湘南学院电气工程及其自动化专业。

时光荏苒，岁月如梭，佘志霖站在人生的新起点回望，心中涌动着对母校的深深眷恋与感激。饮水思源，是母校的培养，让他在知识的海洋中遨游，在成长的道路上稳步前行。

恩师教诲引领成长之路

回想初次踏入电子工校的那一刻，阳光透过树叶的缝隙，洒在校门上，金色的光辉映衬着那座庄严而又充满科技感的建筑。佘志霖怀揣着对知识的渴望和对未来的憧憬，走进了这个将陪伴他成长的地方。

在学校的那段时光如诗如画，学校的空气中弥漫着求知的气息，每一堂课都仿佛是一场知识的盛宴。佘志霖有幸邂逅了无数才华横溢、教书育人的老师。他们或温文尔雅，或激情四溢，但无一不怀揣着对教育事业的执着和热爱。他们用深厚的学识，为他铺设通往智慧的道路，用独到的见解，激发他对未知世界的探索欲望。

佘志霖入学接触的第一个老师便是班主任周灵芝老师，她不仅在学习上给予他无微不至的关怀和指导，还在生活上给予他关怀和照顾。每当他遇到困难时，周老师总是耐心地听他倾诉，并给予他鼓励和建议。记得有一次，他因为家庭原因情绪低落，周老师得知后主动找他谈心，给予他关爱和支持。在她的帮助下，他逐渐走出了困境，变得更加自信和坚强。

印象最深的是胡贵树老师，他第一次见到胡老师时，就被胡老师那和煦的笑容所感染，胡老师的眼神中满溢着鼓励与期待，让他这个初来乍到的新生感受到了家的温暖与安全感。记得有一次，佘志霖在电子技术课上遇到了一个难题，正当他困惑不解时，胡老师走到他身边，面带笑容耐心地为他解答，胡老师的每一句话都充满了智慧与鼓励，让他豁然开朗。正是胡老师的这份耐心与关怀，让他更加坚定了在电子领域深造的决心。

邹智敏老师、肖慧君老师、李荣斌老师，他们不仅以深入浅出的方式，向佘志霖传授了电子技术的奥秘，还引导他探索电子世界的广阔天地。记得有一次，佘志霖参加了学校举办的电子设计大赛，但在比赛过程中遇到了一个棘手的问题。正当他束手无策时，李荣斌老师主动找到他，与他一起探讨解决方案，并鼓励他不要放弃。在李老师的指导下，他最终成功解决了问题，并获得了比赛的奖项。这次经历让他深刻体会到了老师们的专业能力和无私奉献精神。

蒋艺老师和吴明波老师则以他们严谨的教学态度和丰富的实践经验，为佘志霖揭示了电工原理的奥秘。在实验室里，他们不仅亲自指导他进行实验，还时常分享自己在实际工作中的经验。有一次，佘志霖在实验中遇到了一个难以理解的电路图，吴明波老师耐心地为他讲解，并用实际电路进行演示，让他对电工原理有了更深刻的理解。

彭秋萍老师用他独特的数学思维方式，点燃了佘志霖对数学的热忱。彭老师善于将抽象的数学概念与实际问题相结合，让他领略到了数学的魅力与实用价值。在彭老师的启发下，他开始尝试用数学方法解决电子设计中的问题，逐渐培养起了严密的逻辑思维能力和解决问题的能力。

周娟老师则以她流利的英语口语和生动的讲解方式，让他领略到了英语的魅力。周老师不仅注重培养学生的语言能力，还时常组织英语角活动，让他们在轻松愉快的氛围中提高英语口语水平。在她的鼓励下，佘志霖积极参加英语角活动，与同学们交流学习心得，他的英语口语水平也有了显著提高。

这些老师用他们的智慧和汗水为他铺设了一条通往成功的道路。他们的每一堂课都充满了激情与智慧；他们的每一次讲解都深入浅出、条理清晰；他们的每一次关怀都让他倍感温暖。在他们的教诲下，佘志霖勤奋学习，不断进步。这些宝贵的经历将永远铭刻在他的心中，成为他人生中不可多得的财富。

然而，高考时，佘志霖并未能如愿以偿地取得理想的成绩，尤其是文化课的成绩让他倍感遗憾。最终，他被湘南学院的电气工程及其自动化专业录取。

回首那段经历，佘志霖深刻认识到自己在考场上心态调整的不足，这是一个他必须正视并引以为戒的教训。这次高考失利让他深刻体会到，每一次考试，无论大小，都是对他知识和能力的检验，都值得他全力以赴，用心准备。在日常的小考中，佘志霖同样应该保持一颗敬畏之心，将其视作高考般认真对待。每一次的考试都是一次磨炼心态的机会，应该在紧张和压力中学会调整自己，提升应对挑战的能力。

人生如同一场马拉松，没有永远的领跑者，也没有永远的落后者。面对挫折和困难，人不必过度悲伤和沮丧。重要的是，每个人要与昨天的自己相比，要有不断进步的决心和勇气。要坚信，只要持续努力，不断超越自己，就一定能够在人生的道路上取得更加辉煌的成就。

挑战与成长，铸就辉煌未来

大学的四年，是青春与梦想的交织，是挑战与成长的碰撞。在这段宝贵的时光里，佘志霖积极投身于社团组织建设与管理，努力提升自己的各项能力，用实际行动书写着属于自己的青春篇章。

他积极参加学校社团，作为社团组织建设的重要参与者，佘志霖深知社团对于大学生成长的重要性。他积极参与社团的机构管理，致力于协调各部门工作，确保社团活动的顺利进行。无论是成立大会的筹备，还是竞选会的组织，他都尽心尽力，力求每一个细节都做到完美。同时，他还负责组织策划了多次团队培训和招新活动，不仅增强了社团的凝聚力，也为社团注入了新的活力。这些经历不仅锻炼了他的组织能力，也让他学会了如何与人沟通交往，更好地理解团队的力量。

在专业技能方面，佘志霖则如同一个执着的探索者。原本怀揣着对电子信息领域的浓厚兴趣，他期望能深入学习相关专业知识，然而，在他踏入大学校园的那一刻，命运似乎与他开了个玩笑，他被分配到了电气工程及其自动化专业。尽管专业方向有所转变，但他对电子技术的热爱却从未减退。他利用课余时间，投身于学校的实验室活动，将研究方向锁定在弱电领域，特别是与单片机技术密切相关的内容上。在实验室里，他身着白色实验服，神情专注，手指灵活地操作着各种仪器和设备，仿佛在演奏一首美妙的乐曲。

经过四年的不懈努力，佘志霖不仅在专业技能上取得了显著的提升，还成功获得了计算机二级证书，并熟悉了计算机的各项操作。他更是积极参与各类计算机竞赛，以检验自己的技能水平。在湖南省大学生计算机设计大赛中，他凭借扎实的专业知识和出色的创新能力，荣获省二等奖的殊荣。那一刻，他站在领奖台上，脸上洋溢着灿烂的笑容，那是属于他的荣耀时刻。

这些竞赛不仅锻炼了佘志霖的实践能力和团队协作能力，更让他深刻认识到了电子技术基础知识的重要性。在全国大学生电子设计竞赛中，他遇到了许多需要运用数字电路和模拟电路知识的题目。有一次，一道题目要求他设计一个检测电路来判断共射极三极管的工作区域及故障原因。这使他深刻体会到，只有对基础知识有深刻的理解和熟练的掌握，才能在实践中灵活运用。因此，他深深感慨，无论所学专业是什么，都要紧跟老师的教学步伐，打好基础。无论是专业课还是公共课，都是他知识体系的重要组成部分。专业课决定了他在专业领域的深度和广度，而公共课则培养了他的综合素质和人文素养。只有用心学习，全面发展，打下坚实的基础，他才能在未来的道路上走得更远、更稳。

除了专业技能的学习与提升外，佘志霖还注重将所学知识应用于实践中。在全国大学生节能减排社会实践与科技竞赛中，他积极参与项目的策划与实施工作。他们团队深入调研了当地节能减排的现状与问题，提出了切实可行的解决方案，并成功获得了省二等奖的好成绩。这次实践经历让他深刻认识到了科技创新对于社会发展的重要性，也激发了他未来在相关领域深入研究的热情。

回首大学四年的时光，佘志霖深感自己在各个方面都取得了显著的进步。他感谢这段宝贵的经历让他成长为一个更加成熟、自信、有担当的人。展望未来，他将继续努力提升自己的综合素质和专业能力，为实现自己的梦想而努力奋斗。他相信在未来的道路上他会走得更远、更稳、更坚定。

祝福母校

师恩难忘意深浓，桃李人间茂万丛。每当我回想起在母校长沙市电子工业学校度过的时光，都深感师恩如山，这份恩情在我心中留下了深刻的烙印。在此，我衷心祝愿母校能够继续传承并发扬优良传统，培育出更多杰出的优秀人才，为社会的繁荣与发展贡献更多的力量。愿母校的明天更加辉煌灿烂，成为无数学子梦想起航的圣地。

寄语学子

我想对在校的学弟学妹们说："无论你们未来走向何方，无论遇到什么困难和挑战，都请铭记母校的培养和教诲。请永远保持一颗感恩的心，感激那些曾经给予你们帮助和支持的人。同时，我也希望你们能用自己的努力和成就来回报母校、回报社会。愿你们在电子工校的每一天都充满阳光和希望，愿你们在未来的道路上越走越远、越走越宽广！加油，我的学弟学妹们！"

07

风吹八百遍，才知是人间

🔊 电子小档案

　　唐福冬，男，2013 年毕业于长沙市电子工业学校电子技术应用专业 1001 班，班主任黄仙花老师。2013—2017 年就读于湖南农业大学教育学院，2017 年 8 月—10 月于西藏自治区山南市加查县组织部实习，2017 年 11 月—2023 年 9 月于加查县崔久乡人民政府工作，2023 年 9 月于加查县纪委监委工作，现为加查县纪委监委一室主任，三级监察官。

　　2010 年，唐福冬刚踏入校门时，那时候还是"网络歌手三巨头"的时代，广场舞还没有出现《最炫民族风》，网络歌曲还没有出现《学猫叫》，但在他的记忆中，那时候《荷塘月色》里已经是高楼林立了，《素颜》里的"她"也已经为人妇人母，《追梦赤子心》的"赤子"还在为了碎银几两而慌慌张张。

《荷塘月色》
——一首送给这一群跨步到新时代、生长在新时代人民的赞歌

自 2008 年北京奥运会成功举办，中国向世界展现这个历史悠久的国度的同时，中国亦在迅速发展——甚至用"迅速"一词还有些许保守，应该用"腾飞"一词，然后掀起了一股"出国热"的浪潮。随后"出国热"带来的"副作用"也传回了国内，那群出国的大爷、大妈的大嗓门、铺张浪费、"买买买"等负面消息接连反馈回国。唐福冬和同桌很疑惑，便询问了他们的值班老师，值班老师便说，这是因为中国人民穷怕了。是啊，穷怕了啊，经历过啃树皮、吃"观音土"的人们，谁又不怕呢？现在口袋有钱了，日子过好了，还不让放纵一下吗？也正因为人们富裕了，一些旧的东西就该淘汰了，衣服再也不用缝缝补补了，肉也不用只在节日吃了，搭的破旧房子也该换上楼房了，虽然新生活相比苦日子的时候少了一丝热情，但这不正是时代留下来的痕迹吗？历史的车轮滚滚向前，"荷塘月色"们终将湮灭在时代的车轮中，这样，这一批人的后代才不会重走父辈的老路，才不会耗费一生还在担心有没有走出这个村子。

《素颜》
——一首送给数年如一日，教书育人的新时代人民教师的赞歌

三人行，必有我师焉。在职高，对技术技能人才尤为重视。英雄不问出处，不管你出生如何，也不在乎你学位之高低，一切都要以技术过硬为基础。唐福冬现在回想起来，也暗自庆幸他们的专业课老师有过维修电梯、修理电视机等经历，才能感同身受、言传身教。文化课方面，唐福冬认为长沙市电子工业学校的师资力量是不比其他学校差的，授课水平是很高的。当时，语文课上，他们的班主任兼语文老师讲着一篇附录页的文章，是舒婷的《致橡树》——"你有你的铜枝铁干，像刀，像剑，也像戟；我有我红硕的花朵，像沉重的叹息，又像英勇的火炬"。他当时认为应对高考是没有必要学这种附录页的文章的。直到近些年，他才知道原来"近旁的木棉"一直都存在，"攀援的凌霄花""痴情的鸟儿"之流在社会上也不胜枚举。后知后觉，才知道那一堂课上的哪是语文课，是一堂"原汁原味"的人生课啊。毕业十余年，他仍然非常感谢当时的老师

们。他们当年不加粉饰的"素颜"之下是全心全意为学子们的心，正是因为有这群"素颜"的老师，才造就如今的他。

《追梦赤子心》
——一首送给接过薪火相传的火把，看到了前路蜿蜒
但依旧保留蓬勃朝气的我们的赞歌

三百六十行，行行出状元。唐福冬回忆起当时的电工老师，想起老师说过，精通一门手艺——比如使用电烙铁这门技术，只要烙得好，就有极大可能被国家招去，为国效力。可是，彼时彼刻他们大部分人都是被利益所驱动，纷纷询问进"国家队"月薪、年薪几何。诚然，"学问"一词一旦谈及价格，似乎低廉了不少。他说广大电子工校的老师在数年如一日地教育着祖国的下一代，教育着电路板上那一个个"电子元器件"们，毕竟只有他们这些"电子元器件"在自己的工作岗位发光发热，才能距离实现"两个一百年"奋斗目标、实现共产主义更进一步。如此这般说来，突然发现电子工校的老师和"电子元器件"们所干的事不正是用实际行动践行着我们学姐杨开慧她们那一辈革命先烈当初所干的事吗！

高中三年晃晃而过，最终有的人留在了长沙，有的人回了老家，有的人换了手机号码，再也联系不上，有些人在高考那天的见面竟是最后一面。新的朋友一个一个出现，但是电子工校老师的教诲一直伴他度过了大学、参加工作，想必也定将激励着他今后的岁月。

《雅俗共赏》
——谱写一首人人愿为，人人可为的新时代颂歌

2016 年底，唐福冬前往某中职学校担任实习教师开展教学实习工作。他经常和学生聊天，了解学生家里的情况。大致了解后发现，学生们学不进去的原因有很多，有的是父母外出务工，有的是自身需要忙农活，有的追赶学习进度但追不回来而"摆烂"，等等。于是课堂上，他开始改变授课方式，通过模拟情境，启发学生用自身所学来解决问题。这种寓教于乐的方式，使每个同学积极参与课堂，共同思考，共同讨论。也许一个人的思考有限，但是群体的力量却

是无法被忽视的。心往一处想，劲往一处使，做到聚是一团火，散是满天星，未来成就必然是不会差的。

《蓝莲花》
——谱写一首这个人人有所追求，积极奋发向上的社会主义社会的颂歌

2020年，唐福冬被派往崔久乡普麦囊村驻村，成为驻村工作队队员。当地的3月还较为寒冷，那天他随驻村工作队队长、村委员以及乡村振兴专干几人裹着棉袄，带着消毒片，背着喷雾器前往某沟开展疫情防控消毒消杀工作。那处地方人不多，就七八户人家，但是海拔较高，温度低，且当时天空还在下着鹅毛大雪。他们将车停在路边后，踏着没过小腿的积雪，开始了挨家挨户的消毒消杀工作。但消毒消杀工作可真不轻松啊，海拔这么高，走路就喘，还背着这么重的水，汗水都打湿衣裳了，但是棉袄也没脱下。回去路上，他询问村委员为什么要干这个职务呢？村委员也没想到他会这么问吧，当时愣了一下，然后回答"因为我是党员啊"。是啊，身为党员哪还需要求什么回报呢？生活不止眼前的苟且，还有诗和远方呢。

《格桑拉》
——谱写一首为中国人民谋幸福，为中华民族谋复兴，
藏族群众已全面奔小康的颂歌

2023年8月，唐福冬被借调至市政府便民服务热线办"12345"，借调的3个月时间，直接面对面与群众进行沟通交流。在借调热线办期间，有群众反映其所居住路段因车辆速度较快，给当地群众尤其是小孩带来了很大的安全隐患。针对此项事宜，他们积极对接市公安局（交警支队）、综合执法局，在该路段路口新增了两处减速带，并对接市农业农村局，将该路段中央的植被进行了修整，使植被不再遮挡车辆驾驶员视线。有群众反映某景区石碑刻印出现明显错误，影响城市旅游发展，他们又积极对接市旅游发展局，对该石碑刻印错误地方进行了更改。有群众反映某运营商在其房屋外墙钻洞悬挂光纤，导致其房屋出现明显裂缝，他们积极对接该运营商，该运营商重新在该群众屋后设置一根电线杆，并将光纤悬挂至电线杆上，随后该运营商为其修补房屋裂缝。每每

一个事项解决后，他们都通知来电群众一同前往实地察看，看着这些困扰在群众心中的"难题"被一一解决，并露出满意的笑容，他们心中都是满满的自豪感，唐福冬也一次次亲眼见证了这个始终坚持以人民为中心，密切联系群众，倾听民声，关心群众疾苦，不断为人民谋福祉的中国共产党是如何赢得人民的拥护和支持的。

长沙市电子工业学校给予了他很多宝贵的财富，不仅仅局限于文化课本类的知识，更多的是构建了他的人生价值观。他特别感谢班主任兼语文老师黄仙花、数学老师夏晖、英语老师彭利军、电工老师李经国、电子老师邹智敏、电工老师吴明波、声像老师林干祥等，教诲如春风，师恩似海深。同时，他也祝各位老师身体健康、工作顺利，桃李满天下。感激之意，穷千词难抒其一，恭敬在心，不在虚文。

✦ 祝福母校

愿母校永远年轻，永远充满生机，繁荣兴旺！在建校110周年的起点上继续秉持百年树人的伟大使命，继续闪耀。在传承杨开慧等革命先烈理想，承载无数师生的汗水与智慧，铸就一座座灿烂的教育丰碑后，继续为祖国的教育事业书写更加辉煌的篇章！

✦ 寄语学子

愿学弟学妹们，在校期间，多思多学多练，用自身所学为未来铺好道路，用知识"焊实"好自己人生这块"电路板"的每一个"电子元器件"，始终以最好的状态迎接未来的每一个挑战！

08

凝心铸魂担使命，砥砺青春强本领

🔊 电子小档案

唐首明，男，湖南长沙人，2007年毕业于长沙市电子工业学校402班，班主任陈莉红老师。现任解放军战略支援部队副团职，中校军衔。兵器科学与技术学士、军事装备学硕士。解放军战略支援部队是专门为了应对现代化的网络信息战而生的部队，其主要职能是为海陆空和火箭军四大军种提供战略支援方面的各种协助，包括但不限于侦察、网络攻防、情报获取及分析以及电子对抗、心理战对多个信息化维度的战术支援。

他的故事得从长沙市电子工业学校说起……

立志扬帆，朝着梦想出发

曾经他也是中考战场上的失败者。2004年9月，他未能像其他同学一样升入普通高中。他带着一份迷茫来到了长沙市电子工业学校，不知道自己的未来在哪里，下课就神采飞扬，四处找同学掰手腕，较量谁的力量强大。他从小酷爱摩托车，高一的时候，他用攒了好几年的

压岁钱、零用钱买了一辆摩托车，还偷偷地骑到了学校。在当时那个年代，三万元的摩托车已经很打眼了，没过多久这个消息就传到了班主任陈莉红老师的耳朵里。原以为一场"暴风雨"就要来临，可没想到的是，陈老师请他到办公室看了一段交通意外的视频。看到视频里血淋淋的场面，说不害怕是假的，对于没有达到法定驾驶年龄且没有驾照的他，那个时候才知道什么叫无知者无畏。在谈话中，陈老师表示很佩服他为了自己喜欢的东西，把几年的压岁钱、零用钱积攒起来，这么自律、这么有规划，还夸奖他已经具备成功人士的某些特征了；同时，也告诫他个人的喜好是不能凌驾于法律法规之上的，国有国法，家有家规，校有校规，对法律法规的敬畏之心是绝对不可少的。父亲和老师沟通后，决定把处理摩托车的费用给他专门存起来作为他将来的教育基金。虽然有那么一点遗憾，但他现在回忆起来对陈老师仍然充满了感激，要不是陈老师当年苦口婆心的教育，也许他早已在飙车的路上"over"了。

在陈老师的鼓励下，他把满腔的热情放到了班级管理上。他成了班级的体育委员，带领班上的同学早上一起跑步锻炼身体。在班级出现各种问题的时候他会主动出谋划策，提供合理建议，他渐渐爱上了这个集体。

专业上，他慢慢发现所学的东西可以解决生活中的一些实际问题，例如家用电器的简单维修。每天回家，他开始捣鼓起家里的一些电器，拆了装，装了再拆，为此他也没少被父亲责骂。调音师在当时同学们心中还是很洋气的职业，在谭克勤老师的指导下，他对调音产生了极大的兴趣，并在谭老师的指导下，顺利获得了调音师证。

爷爷是个"老革命"，他通过爷爷了解到部队里特别需要有一定专业基础的军人，于是他开始描绘他的人生之路：参军入伍，到部队里去锻炼，用所学的专业知识去发自己的光和热。从此他开始立志扬帆，朝着自己的梦想出发。2007年毕业后，通过层层挑选，他终于光荣地成了一名人民子弟兵，开启了他的军人生涯。

不畏生死，危难中尽显英雄本色

部队是个大熔炉，更是一所大学校。部队纪律严明，训练艰苦，这不仅是他面临的考验，更是磨炼意志的好机会。他无悔于自己的选择，更无悔于自己的人生。

2008 年 5 月 12 日，汶川发生里氏 8.0 级大地震。地动山摇，山川咆哮，那是他心中一道抹不去的记忆伤痕。

汶川地震是 1949 年中华人民共和国成立以来抢险救援难度最大的一次地震。为了在黄金救援时间内救出更多的群众，他们克服了食物不足、睡眠不足、人手不足、救援装备不足等各种困难，把个人的生死完全置之度外。看到一具具被抬出来的尸体，听到群众歇斯底里的呼喊声，所有的困难都不是困难，只为减少家庭悲剧的发生，只为给那些全家都遇险的家庭带来一丝生的希望……早期的灾区公路不通，当地没有大型起重机械，救灾工具只有双手……即使双手血肉模糊，即使十个指甲盖都已不见，他也已经不知道疼了，只有看到灾民被营救人员安全救出的喜悦和兴奋。

在汶川救援的那些日子，他和他的战友们每天都在和时间赛跑，和死神也是那么地接近。每次听到生命探测仪发出的声音总是让人特别地激动，可不打招呼就来的余震总是这样煞风景。在这次巨大的自然灾害中，他和战友们身上都布满了伤痕，一到阴雨天都会疼痛难忍。

在每一次执行任务的过程中，他总是用自己的生命来诠释人民子弟兵的责任和担当。每当人们以"英雄"称呼他时，他总是说："真正的英雄是那些为救援而牺牲的战友，他们才值得人民永远怀念！"

跨越国界，只为守护更多人的安宁

和平是全人类的共同愿望，联合国维和行动是当今时代维护世界和平与安全的重要手段。作为联合国安全理事会常任理事国，中国认真履行大国责任和义务，坚定支持并积极参加联合国维和行动。两次非洲维和的经历，让他近距离感受到战争的残酷，也更让他由衷地感受到作为一名中国军人的自豪。

在非洲维和的那段日子里，能活着也许算是最大的任务了，连最基本的饮水都可能要了性命。那里的水有各种病毒，虽然在集训时他们都打过各种疫苗，包括霍乱疫苗、登革热疫苗、疟疾疫苗、黄热病疫苗等，但在非洲有一种蚊子，体型虽小，攻击力却极强，它们有个很"可爱"的名字——疟蚊，它们是传播疟疾的高手。为了防止被蚊子咬，在温度很高的户外也只能穿上长袖迷彩服。即使是这样，疟蚊也一样可以轻松隔着衣服咬人。因此，到了非洲，90%的人都逃脱不了感染疟疾的厄运。

在非洲维和的每一天都很刺激，因为一不小心可能这一天就是你人生的最后一天。城市的每一个交通要道上都有路卡，建筑和路灯上布满了枪眼。一天当中随时都能听到枪声，无论是白天还是黑夜。天天听着枪声，看着周围的黑人都有枪，说不害怕都是假的。怕的不是他们的战斗力，怕的是黑人的不可控。他们基本不会深思熟虑，指不定哪根弦搭错了，就能给你一梭子，打完你都不知道为啥。就好比你家小区住的都是精神病患者，平时都看不出来，突然有一天就拿着菜刀追你。有一次他们连队出去执行任务，在一乡间小路上，几个黑人拿着枪气势汹汹地挡住了他们的去路，大家都犹豫了——是先开保险枪击他们，还是等他们先开枪？先下手为强，在打架时有效，在枪战中也一样有效。可是当时他们人少，又没有什么掩护，要是让黑人先动手，他们肯定是九死一生了。但是他们毕竟是维和人员，不能先动手，交火原则规定，只有在自卫时才能使用武器。他们只能开保险子弹上膛，硬着头皮等黑人的下一步动作。这帮黑人过来连比带画说，双方连比带画说唠得热火朝天，就是不知道对方在说些什么。最后黑人受不了了，还是选择一走了之。虽然是虚惊一场，但是对峙的几分钟里，心脏感觉会跳出来一样；双眼直勾勾盯着对方，周边所有事物都在模糊，眼睛里只有盯住的目标；耳朵只能听到命令或者枪声，任何突然的响动都能使双方扣下扳机开枪。那种几乎零距离接近的死亡感觉，让他在炎热夏季感到后脖颈发凉。

几个月的奋斗，他们吃过的苦、遭过的罪，现在回想起来都是美好。

学无止境，做大国崛起的螺丝钉

清代陈澹然《寤言》中说：不谋万世者，不足谋一时；不谋全局者，不足谋一域。现代战争和"二战"有本质上的区别，战争不再像之前，单纯以人力物力为主，转化为以科技化、网络化、信息化、立体化等多维度为主。为了让自己跟上瞬息万变的社会，建立自己完整的知识体系，在入伍后的第一年，他就为自己树立了一个目标：考军校。动力来自内心的欲望，在他强烈的求知欲望驱动下，他成功地考进了军校。和优秀的人在一起，为视野和格局带来了更大的变化。于是在他心中有了下一个人生目标：考研。文化课是他的薄弱科目，为了备战研究生考试，他硬是写完了1500多支水性笔。每一支笔，每一张草稿纸上都留下了他拼搏的痕迹。苦心人，天不负，他终于在军校里获得了他的第一个研究生学历。已经获得兵器科学与技术学士、军事装备学硕士学位的他并没有满足于现状。只要是对工作上有帮助的新知识，他都会想尽一切办法去学，克服一切去掌握。如今他正在努力学习获取自己的第二个研究生学历。学无止境，做大国崛起的螺丝钉就是他的使命和担当。

一个人的一生会经历三次成长：第一次，是明白事情的对与错；第二次，是明白有些事不只有对与错；第三次，是明白有些事没有对错之后，依然坚定地去做自己相信的事，并为之负起责任。在长沙市电子工业学校的近千个日夜，就是他明白事情对错的第一次成长。他怀念这段时光，感恩老师、感谢同学们的陪伴，他更想对学弟学妹们说："勤奋只能改善生活，知识才能改变命运。抓住每一次改变的机会。希望你们不做虚度光阴充满潮气的咸鱼，而是做一个感知生活乐于挑战充满朝气的年轻人，人生未来本就是崎岖且有趣。

✦ 祝福母校

再次感恩遇见电子工校，感谢母校为我提供了追逐梦想的平台。虽已不再是那校园中人，校训却已深入血脉，助我阔步向前，亦愿诸君前程似锦，电子工校辉煌灿烂！

✦ 寄语学子

学习过程中难免会遇到困难和挫折，学会自我调节、自我肯定也是成长和进步。你们正值人生最美好的时光，抱着为了梦想全力以赴、努力拼搏、不留遗憾的信念，在赛程终点你们一定会感谢如此努力过的自己。

09

甘当平凡岗位不平凡的兵
——记我校优秀校友徐凯二三事

◊))) 电子小档案

徐凯，男，湖南长沙市人，毕业于长沙市电子工业学校99(24)班，班主任胡坚老师。后赴湖南师范大学计算机科学与技术学院深造，2006年参加工作，目前任湖南省发展和改革委员会新闻信息中心副科长。

感恩

根据提示和指引，在周五的下午，笔者来到长沙市湘府路的湖南省人民政府大院，进入省发展改革委办公楼，找到了徐凯的办公室。

办公室悬挂着一块蓝色公示牌：新闻信息中心，徐凯，在岗。这时，一位带着长沙"塑普"口音的工作人员热情地迎上前来。这位身着休闲装、脚踏运动鞋的精干小伙，就是徐凯。

省发展改革委主要负责全省国民经济和社会发展战略规划，推动全省的发展改革工作。徐凯的工作在新闻信息中心，该部门主要负责发展改革委的新闻宣传和全省发展改革系统的信息化建设管理工作。时光荏苒，在此岗位上，他已经工作了17年，目前负责全委的会议技术保障和国产化替代工作。

面对校友到访，以及校友溢于言表的赞誉，徐凯诚恳地说："我是个平凡的人，出身普通、资质普通、成绩普通、经历普通，但自己还认为自己真诚善良、踏实敬业。我感觉我的人生，都是在贵人的帮助下过来的，因此我心里特别感恩。"

班主任钦点标兵模范

在电子工校，徐凯有人生"唯二"被钦点为班长的经历。

第一次：1999年，徐凯进入长沙市电子工业学校，被安排在计算机科学与技术专业的99(24)班，第一次上课，他被班主任胡坚老师点名担任班长一职，在那一刻，他幸福地懵了，"怎么会选我？班长需要具备什么条件？需要做些什么？"

班长的光环，让他摆脱了伴随了他初中三年的"差生"意识，有了标杆模范的荣誉感，有了不够优秀的危机感，有了团结同学的责任感——他悄悄开始了转变。

第二次：2001年末，高三重新分班后，他进入了高复2班学习，第一次上课，他被班主任何家瑞老师点名，又担任班长一职。

"有两个任务我是从头到尾坚持做的：一是每天更新黑板上的高考倒计时，二是每天放学我都会协助卫生员打扫好教室卫生，确保整洁，最后一个离开教室。"

直到2019年，他才从胡坚老师口中得知两件事：一是选他当班长的原因——新生报到第一天只有他主动问起学校什么时候发书，老师认为这个学生应该是个好学的人，于是就选为班长；二是当年高三评定省级三好学生，最初他不是学校的第一人选，何家瑞老师为了他在学校据理力争，最终才选定了他，这事何老师从未向他提起过。当年高考，正是因为有了这项荣誉的加分，他才能进入湖南师范大学学习。

讲到这里，他停顿了，若有所思地望着窗外，他非常感恩两位老师的厚爱，改变了他的人生面貌。

姐姐打通任督二脉

2002 年春节，徐凯备战高考，到伯父家拜年时，跟在湖南大学读书的姐姐聊起学习情况。在姐姐的建议下，他直接在姐姐家里住下了。姐弟俩当天就跑到渔湾市的书店买了一本初中英语语法辅导书，他说那会儿他心里特别平静，电视里播放着当时最火的电视连续剧《流星花园》，他是在边学习边追剧的轻松状态下度过了一周。虽然只学了 3～5 个章节，但他找到感觉了，俗称"开窍"了。回家后他又用了一个月左右时间把辅导书自学了两遍，加上何家瑞老师的及时教导，他的英语成绩短期内从"中不溜"水平急速上升并稳定在年级前列。最终在听力一个都听不懂的情况下，他高考英语拿了 126 分，他觉得高三的自己像是"开挂"了。

"看完《流星花园》，到现在都还记得那么一句话：如果道歉有用，还要警察干什么？哈哈哈！"

同学推进政府大院

2006 年，徐凯湖南师大毕业，某天他正在汨罗市职业中专学校试教，接到大学同学的电话，说省发展改革委正在策划一个盛大的政治会议在线直播活动，需要招聘一名技术员，问他有没有兴趣。2007 年 1 月 9 日，他抱着好奇的心态，带着相关证件就面试去了。七弯八拐，好不容易找到领导办公室准备认真做一次汇报，结果见面后领导直接给他安排一个任务——一个星期之内制作好一个抽奖程序，省发展改革委新年团拜会上要用，然后领导就准备出门了。他永远记得领导在临出办公室前交代的话："我很忙。我相信你的证件是真的，不用看了；我相信你的同学，不用问了；我需要能做事的人，给你个任务，搞好此事你的考核就通过了，明天来上班。"

"作为从电子工校和湖南师大走出来的计算机'复合型'人才，高考就是考编程过来的，面对这么个任务，咱心里还真不怵。"

机会永远是给有准备的人的，就这样，他进入省政府大院工作，虽然没有编制，但是他一直勤勤恳恳，兢兢业业。

公考入编领导举荐

2013 年，徐凯遇到省发展改革委第一次公开招考。其实，为了这一天，他一边工作一边等，一等就是 7 年。一天，他所在部门的处长找他谈话，告诉了他公考的消息，表示会为他向领导争取一个参加考编的机会，至于能否通过考试，就看他自己的造化了。于是徐凯一边工作一边读书。考试结果出来之后，他从 64 名考生中脱颖而出，以笔试第 1 名的成绩进入面试。之后，处长又为他的事专门向领导汇报，大概意思是：徐凯在此岗位已经工作多年，熟悉情况且表现不错，现在他已经以第 1 名的成绩通过了笔试，接下来的面试，单位有一定的主观话语权，希望领导们能给予一些关怀，把这人留下来。

讲到这里，他又停顿了一下，后继续说道："处长为我的事向领导汇报争取，从未跟我提起过。我是直到几年以后，才听人事处的同事告诉了我。"

"如今我回过头去看从前，一路平凡一路踏实，每每都有贵人相助，我觉得我是幸福的。或许我也错过了很多机会，有些遗憾，但是我不后悔、不埋怨，一切都是最好的安排。我会继续奋斗，干好工作，照顾好家庭。我的人生信条是：要追求，不要苛求；要知足，不要满足；要自信，不要自傲。特别令我怀念的就是在电子工校的时光，那时候无忧无虑，专心读书，老师们关心，同学们友爱，美好得如梦境一般。"徐凯说。

心愿

因为工作岗位和工作性质的原因，虽然是校友来访，徐凯热情接待之余，谨言慎行的工作习惯和作风并未改变，尤其是在职在岗，我们也不便多言。徐凯心语心愿：甘当平凡岗位不平凡的兵！我们衷心祝愿他在今后的工作岗位上顺顺利利，开开心心，再逢贵人，再受激励，更上一层楼！

✦ 祝福母校

　　母校的老师们，电子工校 110 周年校庆，我满怀激动与感恩。母校，您是我成长的摇篮，是我梦想的启航地。在您的培养下，我收获了知识，学会了做人。昨天、今天、明天，我都以电子工校为荣。值此校庆之际，我衷心祝愿母校桃李芬芳，更加繁荣昌盛；愿您的教育事业蓬勃发展，再谱华章！祝愿母校的明天更加辉煌灿烂！

✦ 寄语学子

　　亲爱的学弟学妹们，永怀感恩之心，争做胸怀祖国的追梦人。永葆进取之态，争做勇毅前行的奋斗者。永修自律之力，争做行稳致远的人生赢家。

10

好学不倦，勇攀高峰

🔊 电子小档案

　　向泽清，男，湖南衡阳人，2013 年毕业于长沙市电子工业学校电子技术应用专业 1001 班，班主任黄仙花老师。现于中国信息通信科技集团有限公司任 SoC 芯片设计工程师一职，负责 SoC 芯片的设计研发。毕业已经 11 年了，向泽清仍非常感恩母校对他电子专业的启蒙，让他有幸进入中国的芯片行业，加入当前中国面临的重要"卡脖子"问题行业，在祖国最需要的地方去发光发热，去贡献自己的绵力。

良师益友照亮了迷茫的前方路

刚进入学校时,向泽清是一张白纸,就连就业班和对口班都分不清楚。根据家人的意愿,他进到就业班学习。在就业班学习一学期后,他知晓对口班可以考大学,于是下定决心去对口班。随后,他和当时就业班班主任钟勇老师及教务处老师进行了深入的沟通。为了解决他理论基础较差的问题,对口班班主任兼语文老师黄仙花及各位任课老师都为他制订了阶段性学习计划。他十分珍惜这个来之不易的升学机会,抓住一切时间向任课老师请教学习上的问题。幸运的是,在高一下学期期末考试时他拿下了班上的第一名。至此,他才真正实现了从就业班到对口班的转型,同时也获得了对口班老师的认可。向泽清特别感谢他就业班班主任老师钟勇对他的推荐和对口班班主任黄仙花老师对他的鼓励。在接下来的所有考试中他全部包揽了第一名,这些成绩证明了向泽清的努力。最后,他自信满满地走向高考考场,结果不负众望,他作为长沙市电子类学校的唯一的学生进入了湖南师范大学。

向泽清谈到了自己学习时间的分配:上课的时候就好好地在课堂上学习,认真思考,积极地回答老师的问题;下课了就利用课间休息时间回顾老师讲课的重点内容或者看看学习笔记。他有一个错题本,他解答不了的题目就会将其记录进错题本,作为重点学习的内容。如果碰到的错题,经过思考后还解决不了,他就会利用课间休息时间去向办公室的老师请教。至于午间休息的时间,他通常会在吃完饭后就回到宿舍休息。他很感谢当时的舍友,一直以来都给他提供日常生活上的帮助,与他分享各种有趣的事,跟他们一起交流让他在学习之余收获到了很多的快乐和见闻。下午上完课后,他要么在篮球场打篮球锻炼身体,要么就会在图书馆看书。晚自习的时间,他通常会复习学习过的内容或者做练习。下了晚自习,他会去田径场跑步,直到浑身大汗,跑完回去洗澡休息。周末的时间他一般会在宿舍学习,做一个学习总结,也会在宿舍跟楼下的大爷下象棋。这些学习安排,向泽清一直坚持着,在其中获得知识、乐趣与友谊。

学习过程中常常碰到难题,为了解决在学习上碰到的难题,他多方寻求帮助。在数学问题上,他经常去向夏晖老师和夏龙辉老师请教。在此,他特别感谢两位夏老师耐心解答他数学问题上的疑惑,也感谢他们逐步激发他学习的积极性，为他推开了大学数学的一扇门。

在电子电工方面他同样会碰到很多问题，比如静态工作点的分析以及三相电路中星三角的问题分析等。感谢邹智敏老师、吴明波老师对他的帮助和鼓励，他至今仍觉得专业知识的突破很大程度上得益于专业老师的解答和支持。在语文问题上，他与班主任黄仙花老师和程佳老师交流比较多，语文知识主要是靠多读、多背、多积累，面对他提出的问题，两位老师总是认真解答并给出好的建议。在英语问题上，他总结出要多跟英语老师交流学习，多背单词、多背文章，多向英语老师请教语法上的问题。当时的英语老师彭利军是位非常专业的老师，让英语基础并不好的他慢慢进步，越来越自信。学习的过程是艰难的，尤其是对于基础不是很好的向泽清而言。最开始的时候他也常常怀疑自己，不自信、很迷茫，但是各位老师给了他莫大的勇气与信心，让他坚定地相信自己，在学习的道路上不断奋进。

感恩长沙市电子工业学校的黄仙花老师、夏晖老师、彭利军老师、吴明波老师、邹智敏老师、林干祥老师、钟勇老师、程佳老师、夏龙辉老师、李经国老师、赵一立老师等，及学校教导处的各位老师和学校领导，正是长沙市电子工业学校的各位老师在授课内容上的正确指导和耐心帮助，让他可以扎实地学习知识并打牢他在电子技术领域的理论基础，他至今对这些重点知识都记忆犹新，可见老师们的教学非常有成效。

在大学找到适合自己的赛道

在进入湖南师范大学后，他开始了本科生涯的四年学习。虽然在校期间他的成绩不是湖南师范大学工程与设计学院的同届学生中最优秀的，但是他有两项成绩是学院同届学生中的第一名，分别是大学数学和信号与系统。毕业后，进入了职场，经过两年多工作经历以及在社会的历练，同时发现芯片行业的逐步兴起，他坚定了考研的想法。经过一年的拼搏努力，凭借着大学数学和信号与系统这两项学科的优势，向泽清于 2020 年考上了中国科学院大学，并于 2023 年在中国科学院大学完成了集成电路工程专业的硕士研究生教育，获得了硕士研究生学历和硕士学位，同时发表了一篇 SCI 的学术论文和授权一项发明专利。向泽清从最开始的迷茫到现在的坚定，他一步步走向了更高的地方，获取了更多的成就。这些成就是属于帮助过他的所有人的，托举向泽清的除了他自己日复一日的努力，还有良师益友的无数双手。

向泽清表示，此刻他不得不提及他的一位高中同学——晏梓建。自从高中毕业后，他们就一直保持着频繁的联系。从离开长沙市电子工业学校到他从中国科学院大学毕业，整整十年，正是因为有好友的陪伴、帮助和鼓励，他才有了很多的勇气去面对这些年遇到的挫折和困难，总是对前路充满着乐观。感谢好友一直以来的关心、帮助和支持，真诚的友谊总是能抚慰人心。

一路走来，遇到了许多困难与挑战，但遇到的更多的是支持和帮助，向泽清始终怀抱着感恩之心，感谢在长沙市电子工业学校、湖南师范大学、中国科学院大学经历的所有，让他更加坚定、挺拔、无所畏惧。未来还有很长的路要走，他会带着这些财富脚踏实地、一步一步地往更远的地方走去。

✦ 祝福母校

感恩母校的培育，祝长沙市电子工业学校发展越来越好，能为社会培育更多的人才！

✦ 寄语学子

亲爱的学弟学妹，请你们一定要明确自己的求学目标院校，要明白自己的考试分数与目标院校的分数差距，要多思考、多总结，更要加强身体锻炼，要始终保持满满的自信心。未来，是属于你们的，请更加努力！

11

保持谦卑，向上成长

🔊 电子小档案

叶润凯，男，湖南长沙人，2014 年毕业于长沙市电子工业学校 1116 班，班主任左英老师。现任易方信息科技股份有限公司售后支持主管。

时光荏苒，转眼已从电子工校毕业十年，过去看现在很漫长，现在看过去却恍如昨日。叶润凯谈到前两日还与黄麟老师聚会，能和他在电子工校认识并陪伴彼此十三年，真是人生莫大的缘分。

求学路上，永不停歇

叶润凯初到电子工校时，见到的第一个老师是和蔼可亲的陈湘老师，在选择专业时陈湘老师问叶润凯他的人生规划，叶润凯当时很迷茫，回答陈湘老师说想读书。于是在陈老师的安排下叶润凯来到了对口高考 1116 班，也是在这个班级他遇到了明灯左英老师。真心感谢陈老师，因为是她帮叶润凯做出了这一次改变自己命运的选择。

在电子工校的三年无疑是快乐的，但长大后回头想还是会后悔，那时候自

己要是更努力一些学习就好了，或许又会是另一番人生景象。当时叶润凯只对专业课感兴趣，即使是到了高三上学期他还会在语文课上睡觉，经过程佳老师的提醒，叶润凯才真正"醒"来，也才意识到距离高考时日不多，需要抓紧努力了。但他最终还是稍微差了一点分数达到本科线，叶润凯真的特别后悔，但不管怎样，人生这趟列车不会因为高考失利而停滞不前。在选学校时，叶润凯听取了左英老师的意见，去到了可以专升本的长沙师范学院。多年后回头看真的很感谢左老师，这是一个很正确的决定，因为上本科是他心中的执念。

2014 年从长沙市电子工业学校毕业后，叶润凯来到了长沙师范学院。此后的两年里，叶润凯却并没有珍惜好不容易挣来的大学时光——除了认真学习喜欢的 C 语言、JavaScript、网络、微机原理等专业课程以外，其他课程他都没有花太多心思。在大专，周遭的人很少有认真读书的，都想着高中苦了三年，到了大学一定要好好玩，享受生活，很少有人会认真思考之后的人生，很少有人意识到高中的痛苦付出是值得珍惜的，不应该就此沉寂。为什么那么多人挤破头皮想去好学校？因为环境很重要，人很难不被环境影响。也是在这样的启发中，叶润凯决心要去更好的大学，为自己创造更好的环境。这种决心激发了叶润凯的斗志，使叶润凯浑身充满学习的力量。在校最后一年里叶润凯基本泡在图书馆，从早到晚都是不断地看书、刷题，学习各种算法和演算各种数据，甚至有天图书馆关灯了叶润凯还不想回宿舍。虽然那段学习的日子很痛苦，但痛苦的岁月是会帮助叶润凯成长的。

幸福或痛苦的日子总是走得飞快，时间到了参加湖南省专升本考试那天。叶润凯提笔走上战场，在高数和微机原理考试中他把这一年努力所学的知识都写在了卷子上，洋洋洒洒写满了一整张试卷。最终皇天不负有心人，他很庆幸自己没有放弃，虽然英语成绩不理想，但高数和微机原理两门考试接近满分，叶润凯最终超过录取线考上了吉首大学，圆了自己的本科梦。

职场打拼，踏实谦卑

2019 年 6 月他从吉首大学毕业，毕业几个月后都没能找到自己喜欢的开发工作，于是接下来三个月叶润凯在家闭关，自学 Java 语言、数据库原理、Linux、计算机网络等。9 月，在无数次的面试后叶润凯进入了易方信息科技股份有限公司。叶润凯大学做过很多兼职工作，有销售、厨师、外卖员、卸货员等。因在兼职中吃过不少苦，所以刚参加工作的叶润凯更明白学习的重要性，在工作后每天都主动加班、忘情学习。这样的日子持续了大概三四个月，叶润凯发现自己在众多新人中成长速度最快，已经能独立承接各项业务了，并且他服务过的客户老板在参加酒会时都单独找 CEO 表扬他。一切的努力都没有白费，叶润凯迎来了职业生涯的新发展。

2020 年 1 月新冠疫情席卷全国，这对直播行业来说是一次大的机遇。因为疫情，大家都不敢出门，可学生不能一日无课可上。在国家"停课不停学"的号召下，无数的教育机构、无数的老师学生成为叶润凯服务的用户，其中有黄冈中学、清华大学、复旦大学、中央党校等。也是在这个时候叶润凯的工作量突增，每天从早上 7 点到晚上 12 点都不能停歇。同时，领导还会将各种任务派给叶润凯，而叶润凯也不会拒绝，想着能学就学，甚至会主动找领导分担工作重担。这样连轴转的日子持续了 3 个月，好在叶润凯撑下来了，而在这个过程中叶润凯也从一名未转正的实习生被破格提拔成组长。之前以一名实习生的身份带着多个老员工接活，虽然很多老员工会不服，但叶润凯并不与他们争吵，而是笑脸相迎并保持谦卑地把事情做好，把他们不愿做的事情做完，不愿担的责任担起，久而久之大家也都开始认可他。到了公司半年一度比拼业绩时，公司里各个小团队都为了业绩杀红了脸。而叶润凯作为部门新晋主管，在头两年的比拼中没有拿过一次第一，甚至有几次垫底，团队的人越发失望，不断地辞职离开，而叶润凯自己也越来越没自信，不停怀疑过自己，内心非常地挣扎、痛苦，甚至惧怕参加公司业绩评比。

时间来到 2022 年底，又一次年度评比。叶润凯想着如果这次拿不到第一就辞掉这份工作了，因为真没脸面对亲手带出来的团队了。这一次叶润凯带着破釜沉舟的勇气上场了，他开始不断回顾之前的败战，试图找到胜利的秘诀，最终拿下了部门 2022 年的业绩评比冠军。随后，他拿到了 2023 年的业绩评比冠军，并升任为部门主管。获得成功后他第一时间想着与团队分享胜利的喜悦，带着团队成员一起旅游。自此叶润凯越发明白努力的重要性，他知道了努力不一定有成果，但不努力一定没有好结果。现在，叶润凯担任售后支持主管，他带领着十来人的小团队一起为上亿元盘子的客户提供可集成、可定制的视频直播技术，为企业搭建 SaaS 直播平台或自主私域直播系统，并提供直播全流程运营与现场执行服务。

人生的机会并不多，往往只有那么几次，但如若不努力面对生活中每一次的挑战，机会也将悄无声息地从你手中溜走，到那时，你确定你不会后悔吗？

此时回头看十年前的自己，叶润凯从一个中职生开始，在机缘巧合下不断摸爬滚打，现在的叶润凯依然渺小如同尘土，但他至少有能力去照顾家人、朋友了。看看周围那些不断变强的人，他知道学习是不能停下的，只有坚持吃下学习的苦，人生才会越来越强大。

"行路难，行路难，多歧路，今安在？长风破浪会有时，直挂云帆济沧海。"一千三百年前李白便参透了自己，他知道人生是一场痛苦的修行，人生的硕果并不是一直在那的，而是在行难路的过程中，果实不断生长才变成你可获得的硕果。希望大家在保持谦卑的同时能不断学习，这或许是能给大家的最好的人生忠告了。

✦　**祝福母校**

感谢母校的栽培，时光荏苒，岁月如歌，作为校友，我心怀感恩。愿您的电子科技之光永远璀璨，创新教育引领未来，桃李满天下，校誉日隆，续写辉煌新篇章！

✦　**寄语学子**

长沙市电子工业学校的学弟学妹们，你们正站在梦想起航的舞台。愿你们紧握技术的钥匙，解锁知识的宝库，勇于创新，敢于追梦，不负韶华，不仅要成为明日之星，更要成长为社会的栋梁之才。加油，美好的未来属于你们！

(12)

愿将初心亮人心

——访长沙市电子工业学校87级毕业生王爱雄

🔊 电子小档案

王爱雄，男，湖南长沙人，1971年3月出生，中共党员，本科学历，高级政工师。1990年毕业于长沙市电子工业学校电5班，班主任张小平老师。保送进入湖南师范大学工学院，后回到母校担任教师、团委书记、学生科科长。2005年任长沙市商业职业技术学校书记；2010年至今，任长沙市教育局幼儿园党总支书记。

沧海桑田110载，风雨兼程著辉煌。长沙市电子工业学校发展历程中，从这里走出的每一位学子，都承载着学校的荣光和期望，每一位毕业生都肩负着为社会贡献力量的使命，每一位毕业生都是这所学府辉煌历史的见证者和参与者。可以说，电子工校以其深厚的历史底蕴铸就卓越的教育成果，培养了一代又一代的专业技术人才。今天，王爱雄很荣幸以一名电子工校毕业生的身份，与大家分享自己在电子工校成为老师及成才的故事。

用初心点亮人心

自从湖南师范大学毕业后，他反哺电子工校，实现了由电子工校学生到老师的角色转变。踏入工作岗位以来，王爱雄始终坚守为人民服务的初心，将学生的需求和利益放在首位。王爱雄深知，作为一名党员教师，自己的职责就是为广大学生提供优质的服务，帮助他们解决实际问题。无论是面对困难学生，还是面对复杂的工作任务，都要以饱满的热情和坚定的信念，用心用情用力去做好每一项工作，用自己的实际行动点亮学生的理想，成为学生心灵的明灯。

1996 年初，校党委团委在长沙县捞刀河镇新源村设学雷锋社会实践基地，每年暑假选派优秀团员到新源村去，维修家电，传授知识，与农民同吃同住同劳动。当定下活动方案后，王爱雄担心平日在家养尊处优的学生娃能否经受农村艰难困苦的磨炼，便与他们一同驻扎。他耐心而又悉心指导团员们，严管加厚爱，最终大家克服了"前所未有"的蚊叮、日晒、活累的困境，做到农民干什么，自己就干什么。农忙时割禾、插秧、晒谷、烧火；农闲时利用专业技术为农民举办培训班，讲解家电及农机的原理和维护方法，为农民修复电器 30 多件。临走时，送行的农民再三挽留，并希望大家明年一定要来，一定要多带一些学生来。看到农民满意的笑容和团员们成熟的举止，王爱雄心里比谁都感到欣慰，他知道初心不悔的自己用行动点亮了村民的心，赢得了他们的信任与喜爱。

总结会上，他给参加基地实践的 128 名团员分享："雷锋同志那种坚定和执着是源于他内心的信念，今天，雷锋的信念给了你们力量，你们在为人民服务的过程中，自身也日益成熟和坚韧起来。信念就像一颗种子，有了它，不管你在哪一寸土地上，你的人生都会开出艳丽的花，结出丰硕的果实来，只要心里想着人民，不论你从事什么职业，都会以自己的成功为社会创造幸福。"

用实干赢得人心

"彰文行忠信之意、铸工匠精神之魂"是电子工校的德育教育模式。在校期间，王爱雄深受这种文化的熏陶。参加工作后，王爱雄也始终秉持精益求精的态度，追求工作的卓越和完美。他深知，只有不断提高自己的业务能力和综合素质，才能更好地为人民群众服务。因此，王爱雄也总是和身边的学生说，无论是在学习还是在技术实践上，精益求精都是通往卓越的必经之路——这也是他带领学校在市教育系统中连续十年荣获"红旗团委"荣誉的密码。

在担任学校团委书记期间，王爱雄将精益求精、服务社会的精神传递给青年学子。家用电器义务维修队是电子工校学生实践技术、服务社会的平台。维修队不仅修复了大量家用电器，更重要的是，它培养了学生们精益求精的技术能力和服务社会的责任感。从电视机、洗衣机到冰箱、空调，每一次维修都是对学生们技术能力的考验和提升。维修队队员史俊峰同学说，大家查不出的故障，王爱雄都可以搞妥。王爱雄对他们说："为社会做点事，就要苦练内功、学以致用，让自己成为'行家里手'"。有一次修一部电视机，经手的学生、老师已有十几人，因为无图纸，常规的测量替换都做尽了，但蹊跷的故障仍未排除，王爱雄带领学生彻夜查找线路，通过线路还原，终于查明是一个三极管上的符号印反了，因而学生也照着装反了。故障排除后，考虑到机子主人年迈体弱，不等顾客来取，他们就"好事做到底"，将修复的机子送归主家。维修队成立10余年来，足迹涉及工厂、机关、部队、福利院，从当初的10个组发展到450多个组，共有2600多位学生参加，修复各类电器48000多件，产生了良好的社会效应。王爱雄作为专业指导老师，后又作为团委负责人，制定和完善了管理及反馈制度，以过硬的技术和春天般的热情，服务于顾客和学生，维修队的活动在他的参与和领导下得以稳定和发展。

用责任守护人心

"文行忠信"是电子工校的校训，"忠"是忠诚与担当，"信"是信守承诺。王爱雄深知，只有持之以恒地付出，才能赢得广大学生的信任和尊重，才能真正实现为学生服务的初心。

记得在电子工校工作期间，有一名来自农村的团员学生刘佳玲，她自觉地组建了一个刘佳玲学雷锋小组，继承了学校义务维修队的传统，并且把服务内容扩展到了孤寡老人的家里，每周登门照料，冲洗水沟，拔除杂草，擦地抹窗，节日里做饭洗衣，老人病时更是熬药递水，叮咛宽慰。刘佳玲小组被市委、市政府授予"长沙市学雷锋'双十佳'优秀集体"称号。

担任团委书记后，王爱雄就思考着如何让刘佳玲小组的学雷锋活动长盛不衰。通过查阅反馈资料、与小组成员座谈、问卷调查等形式，他确认在刘佳玲小组的影响下，校内学雷锋已形成良好氛围，决定将每年的 3 月 5 日定为"学雷锋小组"交接日，提出"人无我有，人有我新，人新我好，人好我恒"的思路。于是，又有了"邓勇小组""陶花小组""徐宁小组"……学生一届一届地毕业了，这面旗帜却传了下来，越来越多的团员青年牢记为人民服务的宗旨。1995 年12 月，王爱雄乘势而为，在学校加入了北站路社区军警民共建领导小组后，扩大服务对象，从校内延伸至校外，校团委组建了一支青年志愿者服务队，为更多社会孤寡老人服务。第一批的 16 位志愿者接过"青年志愿者服务队"的旗帜后，便两年如一日，坚持照顾湘春路萝湘里 25 号的孤寡老人彭意珍。他们隔日探望老人，风雨无阻，为老人修葺墙壁，凑零钱给老人改善营养……在团委的有力带动下，先后 7 个支部累计 300 多位团员青年加入了志愿者的行列，自觉自愿地担负起北站路社区内外 16 名孤寡老人的照顾任务。1997—1998 年度，北站路社区被评为全国青年志愿者"十佳集体"提名奖，同年又被评为雷锋家乡学雷锋优秀集体。

"为师生服务""精益求精"与"持之以恒"是母校赋了王爱雄的三大法宝，这些品质不仅深深烙印在王爱雄的心中，更成为他职业生涯的指引灯。目前，作为教育系统的一名幼儿园书记，王爱雄已经走过了 24 年的教育之路，他也时刻以"为人民服务"为初心，关心每一位师生的成长与发展，努力为他们创造一个温馨、和谐的学习环境。无论是课程设计、教学方法还是活动组织，他都力求从师生的实际需求出发，为大家提供最好的服务。同时，王爱雄也始终秉持着"精益求精"的精神，不断追求教育的卓越与完美。他深知教育是一项复杂而艰巨的任务，需要不断地学习、思考和实践，"持之以恒"地用行动践行初心，用红色引擎带动教师。

在未来的日子里，愿将初心同筑梦，且以实干共践行。王爱雄将继续秉承母校"为师生服务""精益求精"与"持之以恒"这三大法宝，以更加饱满的热情和更加坚定的信念，为教育事业和师生的发展贡献自己的力量。

✦ 祝福母校

知识的海洋，文化的殿堂，思想的宝库，精神的圣地，辛勤汗水结硕果，跨世纪芬芳桃李满天下。在母校 110 周年华诞之际，祝愿母校：积历史之厚蕴，更展宏图！

✦ 寄语学子

新生一代如晨曦，新芽含苞待春晖。前路漫漫虽未知，相信自己定能飞。愿你们心中有光，脚下生风，书写人生华章，前程似锦更辉煌！

13

砥砺前行，扬帆逐志

🔊 电子小档案

　　张海平，男，湖南耒阳人，2014年毕业于长沙市电子工业学校计算机应用对口1116班，班主任左英老师。2014年考入湖南师范大学信息科学与工程学院计算机科学与技术专业，在校期间获得国家励志奖学金、明德奖学金等，完成国家级大学生创新创业训练计划省级立项项目一项并担任队长，获得软件著作权一项。2018年以优异的成绩保送至中南大学读研究生，在校期间获得推免生奖学金、国家二等学业奖学金，论文获评学院年度学术年会优秀论文，发表EI会议论文一篇。2021年入职省属国企湖南省能源投资集团有限公司总部，现任职于湖南省能源投资集团有限公司宁夏公司，任职项目建设前期岗位。

　　从一名平庸且不受待见的职校生到考入"211"工程大学，再到保送研究生至"985"名校，张海平能重新出发，实现人生的逆袭，固然有自己的一份坚持和努力，但也离不开学校这片沃土的滋养，更离不开老师们的无私奉献和谆谆教诲。张海平回顾自己的成长经历，充分体会到：决定人生高度的不是起点，而是拐点，选择职业教育，同样可以圆大学梦想、成技能人才。

少年立志，高中逐梦

从初中差点辍学去打工到保送到中南大学读硕士研究生，人生似乎充满着浓厚的戏剧性和偶然性。确实，人生的美妙之处不在于总能如愿以偿，而是阴差阳错的偶然性。初中，是一个叛逆的时期，在这个阶段少年们极其容易走上弯路。张海平由于在初中阶段没有端正学习态度，未能养成良好的学习习惯，中考仅以 336 分草草收场。读不了普高，他本以为自己的人生从此将会黯淡无光，前途渺茫。但幸运的是他当时听别人说起读职高同样也可以考大学，还可以学一门专业技术，一举两得。张海平从小就对计算机感兴趣，选择职业学校和专业时，他也就选择了长沙市电子工业学校的计算机应用技术专业。

带着一脸的稚气和对未来的迷茫，张海平来到电子工校开启了三年的高中生活。没想到这个偶然的选择，竟成了他至今最大的幸运。因为，在这里，张海平遇到了"他们"——左英老师、程佳老师、胡红忠老师、夏龙辉老师、李敏老师等。他们是如此兢兢业业，认真负责，是他们的倾囊相授、无私奉献、关怀备至，让张海平备受感动，在心中种下一颗"努力"的种子，他的人生也从此改写。

刚进入电子工校时，张海平对自己的期望并不高，从没想过自己要考重本、一本，只想努点力考个本科就心满意足了。然而，在老师们眼中，他的人生充满无限可能。张海平记得班主任左英老师说过，进入高中是一个新的起跑线，只要你努点力就能超过别人。在左老师的鼓励下，张海平试着转变初中的学习态度，开始认真学习，高一第一次期中考试，他考到了第五名。作为初三不怎么参加考试的学生，他竟然能考出这样的成绩，张海平看到了希望，也更加明白了一分耕耘一分收获。于是，在新的起跑线上，他开始燃起希望，努力向前。

班主任左英老师是一位非常有能力、有经验、有教学方法的年轻"老"教师，张海平始终觉得他不像老师，更像好兄弟。左英老师是通过电子工校的计算机应用技术专业对口升学考上大学，毕业后回校任教的一位老师，他的因材施教、循循善诱以及对学生们有的放矢的教学方法和思路让学生们受益终身。从高一开始，张海平班上就有着严格的早晚自习习惯，左英老师为每位学生制定了三年的学习规划，整天守护在教室，陪伴在学生们身边，及时了解学生们的学习状况和思想动态。高三时，张海平颈椎不舒服，学习压力也大，左英老师得知情况后联系所有任课老师为他制订学习计划并和他一起探讨 C 语言程序的题目与重点。正是老师这份信任和期望，让他更加坚定了要考取大学的信心。

学习不是一帆风顺的，过程中总会遇到挫折，张海平经常有怀疑自己学习能力的瞬间，想着能不能做更好，有没有更大的进步空间。每当这个时候，左英老师、程佳老师、胡红忠老师、夏龙辉老师、李敏老师他们就会给予张海平鼓励与动力，有时是课堂上的表扬，有时是课后的指导交谈，有时是学业规划上的指导，他们总是在他最需要的时候出现并给他坚持下去的决心。高中三年，张海平能感觉到自己的学习习惯越来越好、学习思维越来越强，而这些也将成为他今后人生的财富。这一切，都离不开老师们的指引。

高中三年，在兢兢业业、苦苦钻研的老师们的带领下，张海平和班上同学并肩作战，挥洒青春，一步步稳扎稳打，学好文化基础知识和专业理论知识，同时依托学校先进的实训基地苦练专业技能，奋战高考。最后，张海平班级的同学们高考时以近 40% 的本科录取率进入本科院校。他们寝室的 8 位同学，最终有 5 位考入了一本院校，其中 2 个湖南师范大学，3 个湖南警察学院。这个成绩无疑是傲人的，作为其中一分子，张海平是骄傲的，他也终于没有辜负老师们的教导与期望，交上了一份满意的答卷。"感谢"两个字已经不足以承载张海平对高中老师们的感情，他会带着他们教的知识与道理，走更远的路。

技能圆梦，扬帆远行

带着在长沙市电子工业学校积累的扎实的专业技能以及老师们的殷切期望，张海平进入了湖南师范大学继续求学。在大学期间，他刻苦学习，发挥专业特长，继续钻研，提升专业能力，也积极参与学校组织的活动，提高综合素养，最终以优异的成绩保送至中南大学继续攻读硕士研究生。张海平现任职于湖南省能源投资集团有限公司总部，2023 年在集团公司的人才规划下，被派驻到宁夏项目一线进行基层锻炼。

回顾十三年来的成长历程，虽说平凡，也有颇多曲折。但张海平觉得，自己能够实现人生拐点的华丽转身，无疑是幸福的，因为国家的职业教育为他开启了一道未来之门，让他的人生变得无限可能。张海平也是幸运的，因为选择了电子工校，这里为他提供了成长的平台，在这里，他更是遇到了人生中最重要的贵人，是他们的严管厚爱、谆谆教诲培养了他的人格，练就了他的专业技能。

"奋斗是青春最亮丽的底色"，习近平总书记强调，要立志做有理想、敢担当、能吃苦、肯奋斗的新时代好青年，让青春在全面建设社会主义现代化国家的火热实践中绽放绚丽之花。青春不会辜负每一个努力的人。中职学生，通过努力，同样可以实现人生的逆袭。

在国家大力发展职业教育的今天，职业教育已成为与普通教育类型不同的教育，具有同等重要地位。随着"文化素质+职业技能"的"职教高考"制度的建立，本科院校招生比例稳步上升，越来越多的中职学生可以有效避开文化基础差的劣势，通过高考进入本科就读，因为拥有一技之长，毕业后找工作具有更强的竞争力。

感谢职业教育给他的机遇，感谢学校、老师对他的栽培。今后他将怀着一颗感恩的心，带着母校和老师的期望，继续在自己的工作岗位上发光发热，服务社会。

祝福母校

在这个特别的日子里，谨代表所有校友向您致以最诚挚的祝福和感激之情。作为一所培养电子技术人才的职业学校，您在我们的人生中扮演了重要的角色，为我们奠定了坚实的专业基础。

感谢您为我们提供了先进的教学设施和优秀的师资队伍，老师们不仅传授给我们电子技术的知识和技能，更重要的是培养了我们的创新思维和实践能力。在您的培养下，我们学会了不断学习和探索，拥有了追求技术进步的激情和动力。

母校，您是我们的根基，是我们的骄傲。在您的培育下，我们茁壮成长，不断追求卓越。您的教育理念和办学特色使我们具备了独特的竞争力，为我们的未来铺就了坚实的基础。

在这个特殊的日子里，我想对您说声"谢谢"。谢谢您为我们提供了良好的学习环境和条件，让我们能够全面发展，实现自己的梦想。谢谢您在我们最需要的时候给予的支持和鼓励，让我们勇往直前，不断超越自我。

母校，愿您继续繁荣发展，培养更多的电子技术人才。愿您的教育事业蒸蒸日上，为我国电子工业的发展做出更大的贡献。愿您的学子们在电子领域取得辉煌的成就，为您增光添彩。

最后，再次祝福您，长沙市电子工业学校！愿您的明天更加美好，愿您的辉煌永存！

✦ 寄语学子

亲爱的长沙市电子工业学校的学弟学妹们，欢迎你们加入我们这个充满活力和激情的大家庭，成为这个以电子技术为特色的职业学校的一员。在这里，你们将接受专业的电子技术教育，开启一段充满挑战和机遇的学习旅程。

我想对你们说，电子技术是一个快速发展的领域，它为你们提供了广阔的发展空间和无限的创新机会。在这个学校，你们将学习到电子技术的核心知识和技能，为将来的职业生涯打下坚实的基础。

在长沙市电子工业学校，你们将有机会接触到先进的教学设备和优秀的师资队伍。要珍惜这些资源，积极参与课堂学习，主动向老师请教，不断提升自己的专业水平。同时，也要注重实践，将所学的知识应用到实际中，锻炼自己的实践能力和创新思维。

此外，学校也会提供各种实践机会和实习机会，要积极抓住这些机会，积累实践经验，提升自己的竞争力。同时，也要注重团队合作，学会与他人合作，共同完成任务和项目。要相信自己的能力，勇敢地追求技术进步和创新，为学校增光添彩。

最后，祝愿你们在长沙市电子工业学校能够实现自己的梦想，取得优异的成绩。相信你们一定能够成为优秀的电子技术人才，为我们的学校和社会做出贡献。

第二篇章

创业实现梦想

内 容 导 读

　　在创业的征途中，每一位从长沙市电子工业学校走出的奋斗者，都以非凡的勇气和不懈的努力，书写着属于自己的辉煌篇章。他们之中，有从大山深处走出的甘军华，凭借对电子技术的执着热爱，创立世邦通信，并使其成为全球领先的音频智能物联解决方案提供商；有跨界追梦的周攀，从电子技术到环境艺术设计，再到创立优梵装饰设计，以创意点亮家具产业；还有在招投标领域深耕的周顶，用专业和坚韧，在招投标代理服务中赢得一片天地。

　　这些故事不仅是个人奋斗的历程，还是对母校教育理念的生动诠释。在长沙市电子工业学校，他们不仅学会了知识，还学会了如何面对挑战，以及如何在逆境中成长。他们用实际行动证明了，无论出身如何，只要有梦想、有勇气、有坚持，就能创造出属于自己的辉煌人生。

　　本篇章通过一系列生动的创业故事，展现了从长沙市电子工业学校走出的奋斗者们如何在各自的领域里发光发热，实现自我价值。这些故事不仅是对创业者们的致敬，还是对后来者的激励，鼓励他们珍惜在校时光，努力学习，勇敢追梦，用智慧和汗水书写属于自己的精彩篇章。

14

从大山走出的奋斗者

🔊 电子小档案

　　甘军华，男，湖南平江人，毕业于长沙市电子工业学校96(5)班，班主任周伟林老师。世邦通信股份有限公司创始人之一，现担任公司董事、轮值总经理。世邦通信股份有限公司，国家级"小巨人"企业，公司已发展成为全球值得信赖的音频智能物联解决方案提供商，其产品和解决方案已广泛应用于教育、金融、公共安防、军事通信、司法公安、智能交通等领域。公司研发的产品不仅在国内处于领先地位，还在国际市场上具有竞争力，产品销售网络遍布国内外。

　　在湖南平江县的大山深处，一个年轻人在命运的洪流中奋力前行。他，一个从贫困山村走出的奋斗者，凭借着对知识的渴望和对梦想的执着，用汗水和智慧书写了一段不平凡的人生篇章。

中考失利，人生路转

　　对于一个出生在湖南平江贫困小山村的农村孩子来说，1996年的中考无疑是甘军华人生中的重大转折点。那一年，是国家

最后一届实行中专包分配制度的一年，也是他获得稳定工作和"铁饭碗"的唯一机会。考上，意味着未来的就业问题将迎刃而解，更将为他那经济拮据的家庭带来一丝曙光，解决一个重大的难题。

然而，命运似乎并未对甘军华青睐有加。尽管他日常表现出色，成绩优异，但在中考放榜之际，他仍旧以微弱的分数之差，遗憾地与中专录取线失之交臂。他的班主任试图安慰他，指出他在体育上失分较多，甚至他擅长的物理也未能发挥出最佳水平，建议他可以考虑报考一中。

然而，在那个时刻，甘军华内心的痛苦和无助如同潮水般涌来，家人的话语也在他耳边回荡："你只能选择报考中专，若是成功录取，就能为家里增添光彩；倘若落榜，家中的经济条件将无法支撑你继续读高中。而且，如今大学不包分配，学费又昂贵，即使三年后你考上大学，家里也难以承担那五千多元的学费。一旦落榜，你可能就会失去继续读书的机会。"

落榜后的当日，整个家庭笼罩着难以言喻的忧郁氛围，而甘军华内心也默默接受了现实的安排。他决定努力地跟随父亲学习种田的技能，争取早日成为一个合格的农民。次日天还未亮，他便像往常一样跟随父亲来到田间劳作，将稻草摆放在犁过的水沟里作为肥料。平时爱与他交谈的父亲此刻却沉默寡言，只有老父亲吆喝水牛的声音在空旷的田野上回荡。水牛似乎感受到了主人的心情，步伐也不由自主地加快了几分。然而，就在这时，一个陌生的电话打破了这份沉寂。这个陌生电话的到来，为他打开了另一扇窗。

电话转机，重启人生

那是在 1996 年 8 月初的乡村农忙季节，田野上忙碌的身影交织成一幅生机勃勃的画卷。此时，他父亲的堂哥突然急匆匆地赶来，对他父亲喊道："表姐让你赶紧去接电话，她马上会打过来。"那时，程控电话在农村刚刚兴起，家境殷实的家庭会花费数千元安装一部，它既是通信的便利工具，也是家庭收入的一部分来源，因为每次通话都需要支付费用。听到堂哥的呼喊，他父亲一边回应，一边从田间走向岸边。边走边嘀咕："是哪个表姐啊？我还是头一回接电话呢。"

正是那通电话，彻底扭转了甘军华的人生轨迹。在县城工作的表姑在电话中向他父亲透露，长沙电子职工中等专业学校，即学校合并前的一个分支，已经在他们平江县的教师进修学校设立了分校。这个消息意味着，甘军华可以在平江先读一年，随后前往长沙继续深造两年，学习实用的技术知识。更令人振奋的是，学校还会为他们提供推荐就业的机会。学费方面，甘军华在平江就读期间可以按学期分期支付，每期仅需750元，这对于他的家庭来说是相对可以承受的。而且，如果家里暂时无法支付这笔费用，表姑还表示愿意伸出援手，资助他完成学业。她特别强调，不能耽误甘军华这个充满潜力的孩子的前途……

当甘军华得知长沙电子职工中等专业学校即将招收电子技术应用专业学生的消息时，他内心的喜悦如潮水般涌来，几乎要淹没了他。在得到家人的同意后，他激动得整夜辗转反侧，难以入眠。这不仅因为他能够重返校园，继续他的学业，还因为电子技术一直是他热爱的专业。

实际上，早在中专报考时，甘军华就没有听从家人的建议报考中师，而是毅然选择了机电专业。这份热爱源于他对初中物理课堂上电学的初步探索与兴趣。他坚信，这次机会将让他能够更深入地学习和探索电子技术，实现自己的职业梦想。

勤学苦练，筑梦未来

1996年9月1日那天，甘军华早早地跟着父亲来到了县城的学校。办理完手续后，父亲临别时叮嘱他："军伢子，记得要吃好，你现在正是长身体的时候。"甘军华目送着父亲渐行渐远的背影，眼眶不禁湿润了。他深知，为了他能够再次接受教育，家人付出了巨大的努力，这次机会对他而言无比珍贵。

重返校园后，甘军华更加珍惜这次学习机会。由于他中考成绩优异，县城的同学们对他投来了好奇的目光，纷纷询问他为何选择中专而非普通高中。面对同学们的疑惑，甘军华虽然心中有一丝自卑，但更多的是坚定与自豪。幸运的是，他遇到了一位极其善解人意的班主任——龙老师。龙老师在得知甘军华的情况后，不仅在学业上给予了他无微不至的帮助，而且在精神上给予了他极大的鼓舞和支持。

同时，甘军华的同学也在日常生活中对他热心关照。每当他在食堂用餐，由于经济拮据只能打一份豆芽或白菜时，总有同学主动将自己的好菜夹到他的饭盒里。这些温暖的举动让甘军华倍感温馨，也让他深切感受到了同学之间的友情和关爱。每当回想起这些往事，他的眼眶总是不禁泛红。

甘军华深感幸运，能够遇到如此善良和乐于助人的老师和同学。他们的存在不仅让甘军华在学业上取得了进步，而且让他在精神上得到了成长和鼓舞。

一年后，甘军华他们这批学生进入长沙校本部，开始了新的学习旅程。甘军华也被这所学校先进的教学设施与教学理念吸引。学校的师资力量雄厚，每位老师都具备深厚的专业素养。在这里，他感受到了学习电子技术的乐趣与挑战。在学习过程中，他深受众多老师的无私帮助和悉心指导。

既是副班主任又是专业课老师的廖涌涛老师，在甘军华入学之初就敏锐地察觉到他们高一年级在模拟电子技术基础上存在不足。为了弥补这一短板，廖老师牺牲了自己的周末休息时间，连续数月坚持在阶梯教室为来自平江的两个班级的学生进行集中补课。经过廖老师的精心辅导，甘军华在基础课程上取得了显著的进步。廖老师的课堂总是趣味横生且富有启发性，他常以生动的学长学姐的成才故事为引子，鼓励甘军华等学生努力学习专业知识。廖老师常说，尽管他们是中职生，但只要用心学习，必定能在自己的领域内取得成就。

谢旭强老师负责教授甘军华数字电路课程，谢老师曾在广东的电子企业工作过，谢老师的这段经历不仅让甘军华对电子行业有了更深入的认识，还激发了他未来从事电子产品设计的决心。甘军华常常利用课余时间，拿着从新华书店抄录的电路图去请教谢老师。由于经济拮据，他无法购买书籍，只能利用假期，手持笔和本子前往书店细心抄录。这一过程往往耗时一整天，其间他全神贯注，甚至忘记了喝水和进食。而谢老师总是耐心地解答他的疑惑，并指导他进行一些实验。

此外，甘军华还自学了电子CAD设计课程，并在高二年级下学期时，成功在《北京电子报》上发表了一篇关于遥控电风扇电路设计的文章。傅丽霞老师教授他们电视机及仪器的知识，而周伟林老师则负责家电技术基础的课程。这些老师对甘军华的学习、成长都起到了举足轻重的作用。他深感在高二、三年级的专业课学习中，每一位老师都为他构建了丰富的知识结构，他们是他走向电子产品行业的引路人。对此，甘军华满怀感激，庆幸能够遇到这些可敬的老师们。

然而，随着临近毕业，甘军华面临着就业与升学的抉择。到了高三年级上学期，按照学校的教学安排，他们只需在校学习两个月便可外出实习。当时学校并没有专门的对口高考班，甘军华是从班主任那里得知，下学期开学可以报考对口招生考试，这意味着他有机会和普通高中生一样，考入理想的大学。当他得知这一消息时，内心充满了惊喜。

于是，甘军华拨通了家里的电话，告诉母亲他想继续深造。然而，母亲语气平和地告诉他："你还是放弃吧，即使考上了，大学的学费和生活费家里也负担不起。而且你爸爸最近身体也不太好，经常头昏无法工作。你还是先找份工作，赚钱养活自己吧。"听到母亲的话，甘军华心中五味杂陈。他深知父母种田的艰辛，也明白弟弟为了他能继续上学，初中毕业后就跟随家乡的装修队做学徒的牺牲。每年一万多元的学费和生活费，对他们这个家庭来说，确实是一笔沉重的负担。更何况当时并没有助学贷款这样的政策，所以甘军华最终决定放弃升学的梦想。

与那些同样未能如愿升学的同学相比，甘军华觉得自己能够读到中专已经是非常幸运的了。因此，他珍惜自己所拥有的一切，对家人的支持和帮助过他的人充满了感激之情。

追梦电子，攻坚克难

随着实习工作的安排和层层面试的筛选，甘军华成功进入了长沙一家复印机销售公司。他的主要工作职责是前往各个使用单位进行设备的维护与保养。每天，他都会骑着自行车，紧紧跟随师傅们的步伐，穿梭于不同的用户之间。凭借对技术的执着与不懈的努力，他很快就掌握了设备维修的技能，并赢得了公司的认可。

然而，正当公司计划派遣他去广州学习新技术时，甘军华却做出了一个出人意料的决定——离职。这个决定让师傅们感到困惑，同学们也议论纷纷，甚至招生办的老师也批评他放弃了一个难得的机会。

但甘军华心中早已有一个更为热爱的职业方向——他渴望投身电子产品的生产与调试工作。这个想法源于他在校期间的课余实习经历，那时他就对音视频电脑控制的多媒体音频产品产生了浓厚的兴趣。这个兴趣像种子一样在他心中生根发芽，引导着他追寻自己的梦想。

于是，甘军华回到学校，找到曾在工厂实习时认识的刘重辉副厂长，表达了想在工厂做临时工的强烈愿望，哪怕每天只有10元的工资。鉴于他之前的优秀表现以及工厂当时急需人手，刘厂长答应了他的请求。对甘军华来说，能在校办工厂工作是一个梦寐以求的机会，因为他可以在这里深入学习和接触到更多关于电子产品生产的专业知识。

在接下来的日子里，甘军华勤奋钻研，积极向工厂的老师请教，赢得了他们的一致好评。年底时，他鼓起勇气给王胜利校长恳切地写了一封信，表达了自己希望留在校办工厂成为合同工的强烈愿望，无论待遇如何，他都愿意留下。同时，他也正在设计一款电脑公交车报站器，每当遇到技术难题，他都会虚心向技术副厂长余求是老师请教。这种学习方式让他的技术能力得到了快速提升。

机会总是留给有准备的人。当时，余老师正在寻找能够焊接新产品样机板子的人选，王校长看过甘军华的信后，向余老师提及了甘军华的意愿。再加上廖老师对甘军华的高度评价，余老师决定给甘军华一个机会。于是，在年底时，甘军华被安排到校办工厂技术部担任工程师助理，负责内部排产协调以及试制样品等工作。

在校办工厂技术部工作期间，甘军华在余老师和其他老师的指导下，积极参与了多个项目，包括数字语音学习系统、电源控制箱、音视频矩阵等产品的硬件和结构设计。经过不懈努力，这些产品推出后得到了市场的广泛认可。

为了更深入地学习和利用工厂资源，甘军华主动承担了工厂的安保工作，并选择居住在工厂内，于是与外界的联系变得极为有限。他全身心投入工作，深知只有不断学习和提升自己才能回报那些关心他的人。每年春节前夕，他才短暂回家与家人团聚，随后便迅速返回工厂继续工作。他的执着让家人和同学们感到不解，但他们不知道的是，由于工资不高以及要承担弟弟的学费，甘军华常常捉襟见肘。即使如此，他依然坚持自己的梦想和追求。

为了充实自己的理论基础，甘军华在工作之余报考了广播电视大学的夜校课程。经过几年的努力学习，他成功获得了大专学历。这一切都是他对自己梦想的坚持和努力的见证。

创业起航，成就辉煌

2003年初，由于学校主管单位的频繁变动，校办工厂的改制之路面临重重困境，甘军华不得不离开那里，踏上了新的征程。那时，他与从工厂一同走出来的余老师，以及另外两位志同道合的同事，决定携手共创未来，于是长沙世邦电子经营部应运而生。他们的初始投入，不过是甘军华个人的二手电脑和其他一些微薄的资产，创业的道路充满了艰辛与挑战。

创业初期，经营部的收入并不稳定，甘军华靠着从老家借来的几千块钱勉强维持着生活和工作的基本开销。起初，他们主要为同行提供产品设计服务，随着业务的逐步拓展，他们开始尝试自主研发和生产产品。然而，就在他们满怀希望地迈向新征程时，非典疫情的暴发给他们的业务带来了沉重打击。加上生产品质管理上的疏忽，产品质量不稳定，销量一度惨淡。面对这样的困境，他们不得不四处奔走借钱，艰难地支撑着经营部的运转。

在那段艰难的日子里，甘军华每天只睡四五个小时，有时甚至为了赶项目或解决技术难题而通宵达旦。在项目的实施过程中，他始终保持着高度的热情。凌晨时分，大多数人已进入梦乡，他仍在现场与工作人员一起探讨设备的安装方案。有时为了打造出完美的样板，他不惧危险，亲自爬进未知的天花板内部进行布线和定点。每当谈到他们的产品时，他总是满怀激情，无论多晚多累，那份对产品的热爱与执着从未减退。

星光不负赶路人，时光不负奋斗者。经过二十余年坚持不懈的努力和拼搏，他们共同创立的公司已经茁壮成长，成为国家级"小巨人"企业。如今，他们拥有了自己的工业园区，公司已发展成为全球值得信赖的音频智能物联解决方案提供商，其产品和解决方案已广泛应用于教育、金融、公共安防、军事通信、司法公安、智能交通等领域。他们研发的产品不仅在国内处于领先地位，更在国际市场上具有竞争力。他们的产品销售网络遍布国内外，与众多行业内的领军企业建立了稳固的战略合作关系。这一切的成果都源于他们对梦想的执着追求和对事业的辛勤付出。

✦ 祝福母校

当我回首我的求学与创业之路，我深感母校为我铺设了一条通往知识的康庄大道，为我提供了无尽的学习资源和平台。老师们的谆谆教诲和无私奉献，如同一盏盏明灯，照亮了我前行的道路，让我受益终身。在此，我衷心祝愿我的母校未来更加繁荣昌盛，为培养更多优秀的人才而继续努力。我为自己曾是这所学校的一员而深感自豪。

寄语学子

　　亲爱的学弟学妹们，你们即将踏上人生的新征程，我想对你们说：珍惜眼前的每一刻学习时光，全身心地投入其中，怀抱理想的同时也要务实前行。不要害怕困难，要脚踏实地，刻苦钻研，不断提升自己的专业能力。只有这样，你们才能实现自己的梦想，为社会做出更大的贡献。我相信，你们每一个人都有无限的可能，未来一定会更加辉煌！

15

用热爱与热情诠释责任心

🔊 电子小档案

李晓，男，湖南长沙人。1998 年毕业于长沙市电子工业学校中电 1 班，班主任范天佑老师。李晓在仪器仪表与工业自动化行业奋斗了 14 年，现担任江苏绿扬电子仪器集团有限公司湖南分公司经理，同时兼任长沙市创煌电子科技有限公司总经理，公司年销售额逾千万元。

"商场如战场，我一直在随机应变，调控好自己的情绪：环境在变，人在变，要求在变，唯一不变的是热心。我不是完人，但我会用最大的热情诠释我的责任心。"李晓如是说。

阳春三月，阳光明媚的下午，长沙市芙蓉中路与城南路交会处的城市之心大厦，出了电梯，笔者来到 1216 室，只见门口悬挂着两块亮闪闪的标牌：江苏绿扬电子仪器集团有限公司湖南分公司、长沙市创煌电子科技有限公司。一位穿着靛蓝色西装和白色衬衣、戴着眼镜的年轻人正和几位小伙子在里面讨论方案，这个典型商务型装扮

的年轻人就是两个公司的负责人——李晓。"我不是最优秀的,也算不上成功,我只是在求生存,只想对得住跟我的这帮子人。"李晓面对母校来人,一贯内向的他还是打开了话匣子,回忆起自己的过往……

用热心主动让人生更美好

1995 年,15 岁的李晓进入长沙市电子工业学校,在电子技术应用专业学习,当时的班主任是范天佑老师。因为班上的同学大多数来自农村,家庭条件都不好,为了省下路费,周末一般不回家。每到周末,范老师都会热心地来学校看看这些留校学生的学习生活情况。通过多次了解,他发现李晓同学学习刻苦,生活也比较节俭,中午吃饭在食堂都是买点小菜,甚至有的时候为了省钱只买饭不买菜。看到这种情况,范老师想关心一下李晓,又不想伤害他的自尊,于是总会在周末以各种理由热情地邀请李晓去他家里吃饭。在范老师的热心和热情的感染下,李晓除了完成每天的日常学习,作为班上的团支书,李晓积极热心地组织各种各样的社会实践和便民公益活动。他一直感到庆幸的事是范老师推荐他加入了学校的"学雷锋小组",这样他可以在校团委书记王爱雄老师的带领下,在长沙各个街道设点,为居民免费维修风扇、电视机、收音机。榜样的力量是无声的,也是无穷的。他跟随王爱雄老师一段时间后,不仅提高了专业技术水平和应对复杂问题及事情的能力,也养成了热心待人的习惯,形成了为民服务的主动意识。

1998 年毕业,李晓进入长沙嘉威办公设备有限公司任技术员,做售后服务。他记得第一个任务是给一家复印店维修打印机。出发前,公司的师傅只丢给他一句话:"修不好就别回来!"结果还真没修好。他想起当年在"学雷锋小组"时的经历,收拾好心态又上门维修。到第四次时,老板很惊讶:"怎么又是你?"面对一次次失败,他没有气馁,迅速调整低落的情绪,回学校找老师请教。功夫不负有心人,在老师的指点之后,摸索出解决办法,第五次上门,他终于修好了打印机。

这次经历促使他更加主动学习。除了看书,一得闲他就把公司的废旧机器拆卸下来,重新组装,结果,有一台公司废弃的复印机,竟然被他"医"好了,为此,他受到领导表扬,并被派到珠海培训一周。此时,他进公司还不到半个月。

李晓平静地说,参加完珠海培训三个月后,他成了公司的技术骨干。"当时我们一同进来的学徒有三个，大家机会均等，我当时的关键就是热心主动，工作上主动一点，大胆一点。在学校参加的那些活动，老师的那些指点，让我的人生发生了改变。"

用学校故事树优秀"人设"形象

两年后，李晓又主动抓住了一个难得的机遇——进入江苏绿扬电子仪器集团有限公司湖南分公司，并很快被派往广西办事处。绿扬电子主要从事电子测量仪器的研发和生产，李晓的任务是向广西各高校推销公司的产品。

没有朋友，没有人脉，没有资源。最初，每到一所高校都被甩脸色："你找谁？快走吧！""你把东西放这吧！""我们不需要！"他为怎么样打开局面绞尽脑汁、想尽办法。他回想起自己在电子工业学校能够与老师和谐相处，而现在面对的也是学校老师，有什么理由做不到呢?! 此时需要有一个完美的形象，才能获得大家的信任，才能勇敢走出第一步！

他跑的第一个单位是广西民族师范学院。在物理与电子工程系教学楼前坪，他胆怯、迷茫地徘徊了整整一上午！终于，他鼓起十二分的勇气，像在母校找班主任帮忙指点一样，先找到学院实验室负责人，然后本着服务的心态，恳请负责人带他去实验室查看设备，并提出意见，终于赢得了负责人的好感，获得谈项目的机会。心态的转变，让跑业务也变得轻松起来。不久，他成功签下第一笔订单——五万元仪器销售合同。记得当时，他还带了一台实验样机给学校试用，不料实验室负责人忘记关电源了，顶着30℃高温，样机连续工作72小时，远超规定使用时间，却仍旧完好无损，证明产品质量坚实可靠，李晓"人设"优秀完美，获得了学校负责人的充分信任，最终爽快签约。

后来，每次谈业务他都有意识地讲这个故事，特意让客户强化认识——这个人是当年学校"学雷锋小组"的优秀学生，是深受老师器重的出类拔萃的一个人。李晓以诚恳的为人、坚实可靠的产品，成功开辟了广西市场。"做事要不惧不畏，脚踏实地，这是我在母校做公益活动时学到的，也被我一次次地用于工作，树立了热心热情的完美形象，这是非常重要的。"

用爱让父亲颐养天年

正当广西市场蒸蒸日上，日新月异之时，李晓却折回长沙，那一年，是2005年。谈及原因，他抿了口茶，不紧不慢地说道："2013年7月，我父亲过世。十年前，也就是2003年，他因脑出血住院。"

办公室一阵沉默，窗外传来一阵汽笛声。半晌，李晓说："那时，我和姐姐轮流守候他，20多天后，我的亲人都劝我放弃，免得人财两空。"也许很多人会选择放弃，李晓却坚持守候父亲。到了第36天时，父亲终于脱离危险。接下来的两年，父亲身体康复很快，还能干些挑水、挖土、种菜的活，但是李晓还是很担心父亲。为了更好地照顾父亲，他毅然放弃了广西的事业，回到了长沙。

重回长沙，相当于重新开始奋斗。但是，这一切，他没有犹豫，没有畏惧："相信亲人就是相信自己！我当时就是很相信父亲，我坚信他会好起来！果然，他多活了十年。"李晓对父亲的爱一直没有说出口，但谁都知道，这就是深沉的"爱"！积攒了丰富经验与资源的李晓，实力自然不同凡响。行家一出手，便知有没有，湖南市场在他的努力之下稳步增长，业绩印证了他出色的业务能力。2008年，李晓被任命为江苏绿扬电子仪器集团有限公司湖南分公司经理——这是首次由江苏省外的人担任集团分公司掌舵人，而不是由集团外派。

用热爱开拓事业新天地

"商道即人道，做事即做人。把公司当家一样热爱，把客户、员工当成家人一样热情对待。"这是李晓坚持的爱的准则，成为管理者，是升级也是考验，无形中也成就了他的热爱事业的热心待人的个人形象。

2011年，为满足市场需求，李晓创立长沙市创煌电子科技有限公司，代理了十几家厂商的产品，涵盖电子、物理、计算机三个领域。凭着对李晓充分的信任，一位来自江苏的朋友毅然决然关闭自己的公司，倾力加盟李晓团队；望城老乡周开平也毅然加盟，全力以赴为他助阵助力。

"别人还没上班，我们就到了别人的办公室等候，一个月里有半个月时间在出差！"除新疆、海南、内蒙古外，李晓的足迹遍布中国各地。李晓最难忘的一次经历，是与长沙一所私立学校签约：他和他的"家人"为学校做了 13 个实验室方案备用，在开论证会时，在座的竞标单位代表只顾展示产品，学校董事长留下一句"你们是来开产品推介会的吧"就离席了，李晓根本没来得及展示创煌电子科技的产品及优势。当他得知学校负责人是国家人才引进计划聘请的教授，说话很有分量后，他连夜找到负责人，软磨硬泡说动他去说服董事长。最终，凭借李晓个人毅力和公司产品在市场上良好的口碑，拿下 168 万元的订单。

在"家人"周开平眼中，李晓做事既谨慎细心又有情有义有热情，亦不乏平和稳重，大伙跟随久了，不自觉地复制着李晓身上的热情的人格魅力。相信有胆识、有实力、有凝聚力且无限热爱事业的李晓团队，在可以预见的未来会开拓一片更广阔的天地。

李晓说："我从什么都不懂，到现在略知一二，首先要感谢母校的栽培，在学校我学会了把时间用在学习上，而不是抱怨上，并学到了技能，锻炼了胆量；其次要感谢我们可亲可爱、团结有战斗力的团队。"

责任与回想

相聚是短暂的，犹如一根蚕丝，李晓抽丝剥茧，娓娓道来；思考是无限的，犹如一杯清茶，回味无穷，历久弥香。犹如古人修身、齐家、治国平天下，李晓经历了打工、创业、建小家成大家，最终成为企业家。我们的校友，也只有像李晓一样脚踏实地，诚恳做人，不怨不悔，用热爱与热情诠释责任心，才能像李晓一样不愧过往，不畏将来，淡然淡定，自信从容。

✦ 祝福母校

祝愿母校春风化雨育英才，桃李芬芳满天下。愿母校在新的征程中勇攀高峰，再创辉煌！世纪风雨，您传承了优秀文化，桃李满天下；沧海桑田，您启迪人生智慧，英才辈出，为国家的发展做出了巨大贡献。祝福母校：愿您永葆初心，砥砺前行！

寄语学子

愿学弟学妹们如阳光般明媚，如雨露般滋润，如花朵般绽放。在知识的海洋中畅游，在青春的舞台上绽放。人生如路，需从荒漠走向繁华，希望在校的学弟学妹们把握好在校的学习生活，巩固好所学的专业知识，学会将专业知识与社会相结合，更要学会如何为人处世！祝学业有成，未来可期！

16

乘风破浪　展翅高飞

🔊 电子小档案

　　李正，男，湖南长沙人，1993年毕业于长沙市电子电器职业中专学校(今长沙市电子工业学校)902班，班主任唐小光老师。现任长沙天佛科技有限公司董事长、广州市乐访信息科技股份有限公司总经理。长沙天佛科技有限公司、广州市乐访信息科技股份有限公司专业从事AI会务大数据智能化管理信息技术的研发、生产、销售及系统集成业务，结合云存储、云计算、云学习、AI语音识别和人脸识别、AI生物感知、物联网等创新理念，以AVIT调度平台(服务器可内网或者云端部署)为核心，系统涵盖移动手机端、智能终端设备。

　　庄子曾在《逍遥游》中写下鲲的故事。鲲本为体积庞大的鱼，后摇身一变化作鸟，名为鹏。鹏的翅膀如垂天之云，当其展翅高飞时，如云朵挂在天上。大鹏要飞向更远的天地——南海时，借着旋风盘旋而上九万里，展翅飞翔，路途中虽有燕雀不理解,但它也能坚持自我,一直飞到南海。在长沙市电子电器职业中专学校有这样一名学子,他厚积薄发、蓄势待发,一如大鹏一般,乘风破浪、展翅高飞,在长沙、广州两地成功创业,17年来参与实施多个信息化音视频项目,所研发的会务产品多次应用于国内外多个项目中,如2019年中非合作论坛北京峰会、2022年北京冬奥会等。他就是长沙天佛科技有限公司董事长、广州市乐访信息科技股份有限公司总经理——李正。

理实并重　技能精湛

时光匆匆,岁月如梭。在生命的长河中,有些时光如流星划过,转瞬即逝,而有些时光则如珍珠镶嵌,永驻心间。在长沙市电子电器职业中专学校学习的三年时光于李正而言,便是那串璀璨的珍珠,永远熠熠生辉。

当年16岁的他,作为一个土生土长的长沙伢子,满怀憧憬与期待,进入长沙市电子工业学校学习。在校期间,最让他印象深刻的,便是班主任唐小光老师。她既严谨又独立,既是恩师又似大姐。课堂上,她严格要求学生,不仅注重文化知识的传授,还强调价值观的塑造。李正所在的班级在她的带领下,无论是学习成绩、运动会排名还是表演活动,总能夺得全年级第一。她的教诲,如春雨润物,悄无声息地滋养着学生们的心灵。唐老师深知,知识不仅存在于书本之中,还存在于广阔的社会之中。于是,她经常组织学生参加各种社会实践活动,特别是义务维修活动。每当学生在维修中遇到困难,她总是鼓励学生大胆尝试,并告诉他们:"同学们,你们大胆地去修,修不好的我去找专业老师。"在她的鼓励下,一批批学子勇敢地迈出了实践的第一步,汗水与欢笑交织,成为学生们青春最美的记忆。

那三年里,李正得到了赵一立、谭克勤、周晓军等专业老师的悉心指导。他们白天授课,晚上加班,带领学生攻克一个个维修难题。在他们的教导下,李正逐渐掌握了电子电器的理论基础和维修技能,连续两年被评为学校的年度专业技术能手。

毕业后,李正凭借优异的成绩进入了长沙五一文化用品公司。他认为这无疑是对他三年努力的最好回报,然而,他更深知,这一切的成就,都离不开母校的培养和老师们的教诲。

深耕行业　开拓进取

2001 年是 21 世纪的第一年，所有人都对 21 世纪充满期待，这一年也是李正充满期待的一年，他在这一年创立了长沙天佛科技有限公司。这是一家专注于计算机信息系统集成，以及专业灯光、音视频、安全技术防范系统的设计、安装及调试服务的企业。创业之路并不平稳，在公司发展过程中，也遇到了各种各样的挑战和困难。然而，他没有被这些困难吓倒，而是选择勇敢面对，积极寻找解决问题的方法。

作为一家新成立的公司，长沙天佛科技有限公司面对的是已经成熟的市场和强大的竞争对手，因此李正必须想办法让客户了解并信任他们的产品和服务。为了应对这一挑战，加班便成了日常。从朝阳初露到夜晚繁星，他踏上向客户宣传产品的旅途，踏上寻找合作伙伴的旅程。时间紧张，工作繁重，有的时候他一天只能吃上一顿饭，脚上也磨起了大大小小的几个水泡……

功夫不负有心人，汗水磨砺成锋芒利剑，成为企业发展的支撑和保障，公司也逐渐发展壮大。但他并没有为此骄傲自满，而是积极组织各种宣传活动，如产品展示会、技术交流会等，让客户更加了解公司的产品和服务，也为公司的发展打下坚实的基础。

回顾过去，李正深深感到创业的艰辛和不易。然而，正是这些挑战和困难，让他更加坚定了信念和目标。创业需要有责任心，更要有品德。责任是颗渺小的种子，把它播种在你的心中，随着时间的推移，它会生根发芽。正所谓"在其位，谋其政"，不管是作为职员、领导、干部还是企业家，都要做到以德配位，行在轨中。只有认识到自己工作的价值，做到不偷懒，脚踏实地，心中有严明的责任意识，才可以心无旁骛地投入工作，使工作更加愉快，更有效率。

迄今，长沙天佛科技有限公司已经创立 22 年了，在这期间，李正从未停止过探索和创新的脚步。他通过不断的实践和学习，积累了丰富的经验，并凭借自身强大的技术优势，将一批品质卓越的音视频产品、网络器材经过择优组合后推广至全国各地。公司的产品和服务得到了国内外同行的赞美和客户的信赖，这对他来说，是最大的骄傲和动力。

乘风破浪　再次起航

时间一晃，来到了充满创新与活力的 2013 年。那一年，广州市乐访信息科技股份有限公司的招牌落地，李正的第二家公司正式开业。彼时的公司仅仅是一个由四人组成的小团队，但每一个人都怀揣着共同的梦想与追求，那就是通过他们的努力，为用户提供更加友好、便捷的智慧会务体验场景。

虽不是第一次创业，但离开故土，来到广东进行再创业，他们也面临了种种困难与挑战。首先，团队规模相对较小、资源有限，需要在有限的条件下充分发挥每个人的潜能与创造力。其次，办公空间也相对狭窄，仅有一间 18 平方米的房子作为根据地。但正是这个小小的空间，成为他们梦想起航的港湾。在这里，他们投身产品研发浪潮，充分利用时间，尽情投入工作中，不断攻克技术难题，优化产品功能。为了实现梦想，李正还进行了大量的市场调研，深入了解用户的需求与痛点。在调研中，他们发现，会务场景中，用户普遍面临着参会人员管理混乱、会议资料共享不便等问题。于是，针对这些问题，他们研发出了一款集人员管理、会议资料共享、会议纪要等功能于一体的智慧会务系统。产品一经推出，便受到了市场的热烈反响。用户纷纷表示他们研发的产品极大地提升了会务效率，使得会议变得更加有序、高效。用户的高度评价也进一步坚定了他们继续深耕智慧会务领域的决心与信心。

在随后的几年里，企业不断迭代升级产品，引入更多先进的技术与理念，使智慧会务系统更加完善、成熟。同时，他们也积极拓展市场，与更多企业达成合作，为他们提供定制化的智慧会务解决方案。如今，广州市乐访信息科技股份有限公司已经成为智慧会务领域的佼佼者，公司的产品与服务得到了广大用户的认可与信赖。但这只是实现梦想的起点，未来还有更多的挑战与机遇等待他们去探索与把握。

再回首，漫漫创业路，充满了艰辛与汗水，也交织着欢笑与泪水。每一次的跌倒与爬起，都是对坚韧意志的磨砺与考验。在这条路上，李正前行的脚步从未停止，因为只有不断奋斗，才能赢得未来的辉煌。那些无数个日夜的努力，如同繁星点点，熠熠生辉。

✦ 祝福母校

一切繁华、成功的背后，都充满着艰辛与汗水，充满着无数个日夜的努力奋斗。如今的李正早已乘着东风，顺利成为公司的董事长，但他知道，这些成就离不开当初母校的培养和老师的教诲。恰逢母校建立 110 周年，他想说："长沙市电子工业学校是我成长的摇篮，知识的海洋。感谢学校的辛勤栽培，让我茁壮成长。愿学校百尺竿头，更进一步，为教育事业再创辉煌！"

✦ 寄语学子

他想对学弟学妹说："学弟学妹们，愿你们如阳光般明媚，如花朵般绽放。在知识的海洋中畅游，在成长的路上勇往直前。加油！"

17

创业难忘校友情
——优秀校友李政权札记

🔊 电子小档案

李政权，男，湖南湘阴人，2003 年毕业于长沙市电子工业学校应用电子技术专业 2021 班，班主任王忠老师。现任国家重点高新技术企业湖南匠领科技有限公司总经理。

求学之路情深深

2000 年，16 岁的李政权第一次远离家乡来到长沙，就读长沙市电子工业学校电子应用技术专业。送他到学校的父亲在离开的那一刻流下了热泪，让他感

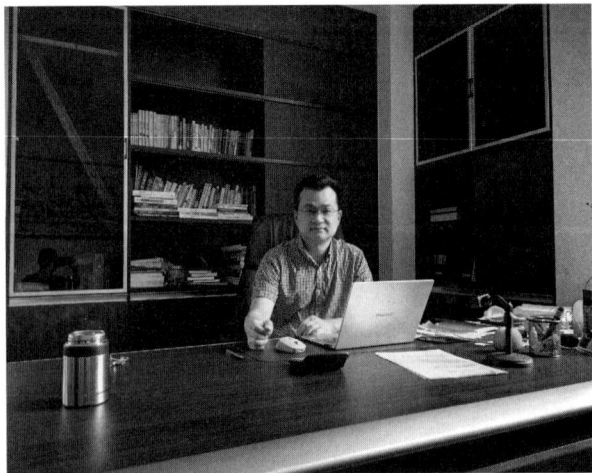

受到了父爱如山。但在当时，李政权还非常懵懂，根本不知道接下来的三年对他意味着什么。当时班上有一多半学生是长沙本地的。李政权第一次来长沙，对什么都好奇，也什么都不懂，经常被本地的学生戏称为"乡里鳖"。还好，同寝室的几个同学也是从乡下来的，他们格外团结，总是结伴同行，互相照应。这么多年过去了，他们寝室的同学仍然能经常聚在一起，格外亲切。

三年的求学历程，同寝室的同学互相帮助，感情真挚。班主任王忠老师也对李政权特别照顾，让他做了班上的宣传委员。因为他喜欢书法，再加上王忠老师的悉心指点，他写得一手好字。平时李政权也喜欢乐于助人，进入学校的学生会当了学生干部，再加上学的专业偏家电维修，平时喜欢动手帮别人修点东西，因此那时候很受大家的欢迎。这三年是他人生中非常重要的阶段，作为一个曾经在小学初中垫底的学困生，他变得越来越自信，老师和同学们对他的认可和激励让他变得优秀，这三年他获得的荣誉证书有十多本。打开抽屉，看到那些荣誉证书，就会想到曾付出的努力。

第三年毕业的时候面临就业或者继续深造的选择，李政权果断选择了读高考复习班。但进入高考复习班之后，没有想象的那么顺利，毕竟他前三年没有把心思完全放在学习上，因此没有考上理想的大学，只是收到了一个专科学校的录取通知书。李政权记得当时对口招生最好的本科大学是湖南师范大学和湖南农业大学，一个班能考上5个就算很不错了。

但李政权的父亲反对他读专科，对他说要么出去工作，要么复读一年，考上本科才能继续读书。这可是个两难之选。庆幸的是，高中三年让李政权收获了同学之间的友情，更重要的是收获了自信。最后，李政权选择了重新复读。复读的这一年里，他基本不参加娱乐活动，超强的目标感让他下定决心一定要考上本科。历经三百多个艰苦的日夜，李政权最终如愿以偿考上了省内一流本科——湖南农业大学。然而，当年报考"机械制造与设计专业"的人太多，李政权被调配到了"计算机专业"。这也许就是上天注定，让他这个连电子邮箱都不知怎么打开的人学了计算机，并改变了他的人生轨迹。

进修之路情切切

进入大学的李政权发现，一部分同学是计算机专业考上来的，他们的专业基础很好，而自己什么都不会，课程也跟不上，对计算机专业根本提不起兴趣，当时的他陷入了深深的迷茫。就这样，他浑浑噩噩地度过了一年半。有一天，父亲突然出了严重的车祸，在医院躺了两个月，李政权深感无力，什么都做不了。想想自己在大学已经混了一年多，再混下去就快要毕业了，到时候出去怎么找工作？带着灵魂拷问，他深思了一个晚上。曾经那个自信的人、目标感超强的人、不达目标不罢休的人不见了，再这么下去，他觉得自己会废掉。于是，李政权翻看了过去的荣誉证书以及复读时写的日记，决定重新找回自我，重新振作起来。

霎时间，李政权顿悟了——不管怎么样，要克服一切困难，要认真学习，让自己变成一个有用的人，不能毕业时啥也干不了！因此，他特意去打听那些优秀的学长们为什么那么优秀，当大家只能花父母给的辛苦钱时，他们已经开始自己赚学费和生活费了。原来，他们在勤工俭学，学校的一些网站、系统就是他们开发出来的。

要让自己变得优秀，就必须跟优秀的人在一起。于是李政权也开始了勤工俭学，成了暑假留校大学生。留在学校的李政权从守办公室开始，帮学长一起干活。一个偶然的机会，一位学长让李政权去帮忙，那时他才知道，学院有个专门的工作室，由优秀的学长带队，每年都帮学弟学妹培训编程。从此，李政权就成了这些幸运者之一。

幸运只眷顾那些有准备的人。李政权虽然在一年半的时间里学会的不多，但热情、乐于助人是他多年养成的习惯，由此也得到学长的赏识。很快，李政权就跟着学长进入了工作室，跟他们学编程。跟他们学习与平常上课不同，平常上课枯燥乏味，跟他们学习是理论加实操，编程能立马见到效果。这让李政权对计算机编程由原来的无感变成渐渐感兴趣，最后到痴迷。只要一下课，李政权就会钻进工作室学习，完成学长安排的任务。记得当时为了做好学院网站，李政权硬着头皮学，晚上搞到两点左右才睡觉。后来网站上线，院领导肯定了他们的工作，使李政权第一次真切感受到编程创造的价值。后来，学校组织程序设计大赛，李政权经过层层筛选进入校队，老师们辛勤辅导，每天不断编程实践，经过大半年的魔鬼训练，李政权最终代表湖南农业大学参加省赛并获奖。比赛中李政权第一次见识了国防科大、中南大学、湖南大学等学校参赛选手的实力。后来，李政权继续努力，不断提升编程能力。为了顺利就业，李政权甚至提早自学了一些公司招聘岗位的应知应会。大学四年，李政权既收获了技能，也收获了友情。

　　毕业之后，李政权因为参加过省赛并获奖，找工作很容易，如愿在长沙麓谷找了一份软件开发的工作，比同龄毕业生工资还高了 500 元。还记得那年是 2008 年，大学的学长邀请李政权去东莞跟他一起创业，因为这位学长对李政权的帮助，加上李政权对他多年的仰慕，李政权二话没说就离开长沙跟他们一起到东莞创业。

跟随学长无怨言

　　与学长东莞创业的那两年，李政权吃尽了苦头，工资比在长沙少了一半不说，工作也特别辛苦。创业的那两年，无论什么事情李政权都抢着去做，学长也没有给他一个明确的定位，哪里有需要，就让他去哪里。写文档、做售前、做研发，哪里有困难李政权就去哪里，但不幸的是，两年时间的创业最终失败，公司倒闭了。但是，经过两年的历练，李政权的各项能力得到了质的飞跃，他学会了如何跟陌生人打交道，并让他更加具有吃苦耐劳的精神。此次创业的经历，在他的内心埋下了希望的种子。于是，李政权又回到离家近一点的长沙，进入中联重科。

　　2010 年，李政权进入中联重科之后，第一次真切感受到了工程机械行业的魅力，公司派他到外地出差，接触的企业家基本都身家过亿，这让他了解了工程机械行业的高效与高利润。在这里的三年，李政权勤奋好学、踏实肯干，很快得到了公司领导的赏识，年年破格连升。三年的沉淀，让李政权融入了工程机械行业，感受到大公司、大平台的魅力，认识了众多有能力的同事，结识了很多该行业的客户，感受到了市场的需求。长期在一线接触客户，让他懂得了如何抓住客户需求，通过设计软件系统为客户创造价值。尽管工作非常顺利，前途一片光明，但在他内心深处，依然有一颗驿动的心。突然有一天，有个同事问李政权要不要一起出去创业，他不假思索立马就同意了。公司合同到期后，他毅然选择了辞职，再次开启了创业之路。

创业之路勇挑战

　　创业之初，为了节省成本，李政权一次性招了 5 个长沙市电子工业学校的应届毕业生。打虎亲兄弟，上阵校友情。为了研发公司的第一代软件产品，大家经常干到凌晨，经过半年的努力，终于推出了第一套软件产品——面向拌和站的 ERP 管理系统。产品刚上市就获得一个 10 万元的合同，让李政权感受到了成功的喜悦。此后公司蓬勃发展，员工人数 5 年内一路涨到了 80 余人，公司搬到了更大的办公室，校友们和李政权的角色也从原来单一的技术负责人，变成了管理公司运营、产品开发、市场销售等多方面的创业者。如今，公司已经成为行业知名的信息化服务商，业务范围遍布全国各地，李政权的创业梦想得以实现。在创业的道路上，李政权始终保持着谦逊和敬畏之心，不断地学习和进步。他深知，只有不断地创新，才能在激烈的市场竞争中立于不败之地。因此，他鼓励团队成员要敢于挑战自己，勇于尝试新的事物，为公司创造更多的价值。同时，李政权也非常注重企业文化的建设。他认为，一个企业的成功，不只是因为它的技术和产品，更因为它有着一群志同道合的人。因此，李政权努力打造一个积极向上、团结协作的团队氛围，让每一个员工都能在这里找到归属感，实现自己的人生价值。

创业难忘校友情，面对校友的来访，李政权表示，创业之路需要勇于挑战的人，在未来的日子里，他将继续带领公司深耕建材行业的信息化和物联网领域，为客户提供更优质的产品和服务，争取为社会的发展贡献自己的一份力量。

✦ 祝福母校

在我们的成长历程中，您提供了优质的教育资源、严谨的教学态度和充满关爱的校园环境。您不仅教会了我们知识，更教会了我们如何做人、如何面对挑战和如何实现自己的梦想。我们永远不会忘记那些在课堂上悉心教导我们的老师，他们用自己的专业知识和热情点燃了我们求知的火苗。我们也不会忘记那些在校园里与我们共度时光的同学，他们的友谊和支持是我们人生道路上最宝贵的财富。

感谢您为我们提供了这样一个成长的平台，让我们在学习和生活中不断积累经验，茁壮成长。我们将永远铭记母校的恩情，在未来的日子里，我们将继续努力，为社会的进步和发展贡献自己的力量。

祝愿母校的未来更加辉煌，祝愿老师们身体健康、事业顺利，祝愿校友们前程似锦、生活幸福。

寄语学子

　　你们正值青春年华，拥有无尽的可能性和潜力。在这个充满机遇和挑战的时代，你们要把握自己的命运，勇敢地追求自己的梦想。请珍惜在母校的时光，努力学习专业知识，培养自己的兴趣和爱好，积极参与各种社会活动，结交志同道合的朋友。

　　在未来的道路上，你们可能会遇到困难和挫折，但请记住，每一次挑战都是成长的机会。你们要保持乐观和积极的心态，勇敢地面对困难，相信自己有能力战胜一切。同时，要学会感恩，珍惜身边的一切，这样你们的人生才会更加美好和充实。

　　请记住，母校一直陪伴着你们，为你们提供支持和鼓励。无论你们走到哪里，母校都会为你们骄傲。希望你们在未来的日子里，能够继续努力，为母校争光，为社会做出贡献，实现自己的梦想。

　　祝愿你们在母校度过美好的时光，成为具有高尚品质、丰富知识和实践能力的人才。期待你们在未来的生活中，取得更大的成功和成就！

18

成功源于点滴的积累

🔊 **电子小档案**

刘超，男，湖南湘阴人，2003 年毕业于长沙市电子工业学校中电 9821 班，班主任刘国云老师。毕业后赴深圳打工，2011 年开始创业，现为佛山市顺德区天枢装饰设计有限公司总经理。

2011 年，对刘超来说，是终生难忘的一年。这一年，刘超开启了人生的新征程，他创办了属于自己的室内设计装饰公司——佛山市顺德区天枢装饰设计有限公司。历经 13 年的辛苦耕耘，公司年度营业额早已突破了千万元大关。如今，公司拥有一支上百人的专业团队，并拥有了长期稳定的合作单位及合作伙伴。

梦想丨成就不凡的人生

人们常说："梦想之花始于校园，绽放于事业。"刘超的故事也不例外。"我相信，成功从来都不是一蹴而就的，而是一点一滴地积累的。人生的每一步，都离不开坚定的信念和不懈的努力。时间从来不会说谎，彼时的辛酸与付出，一定会开出灿烂之花!"年度总结大会上,刘超话音刚落,台下掌声雷动,经久不息。掌声不仅鼓舞了员工们的士气,也勾起了刘超的创业回忆。

2001 年,与大多数毕业生一样,刘超也憧憬着校园外的工作生活。因为荣获"长沙市优秀毕业生"的美誉,在同届毕业生中,他是第一个被湖南计算机厂录用的。在同学眼里,这是一份足以让人羡慕的工作。可年轻时的刘超,却有着不同的想法。看着身边的同学纷纷选择南下,这位来自湖南湘阴的小伙子,毅然放弃了"高薪厚禄",带着满腔的热情、冲劲,独自一人来到深圳这座陌生的城市"漂泊"。工作经验缺乏、没有一技之长,刘超的第一份工作很快就碰了壁,看着每天焊不完的线路板、永不停歇的车间流水线,即使每天工作 12 小时,也只有微薄的收入。

转眼间,一年过去了,正当刘超陷入迷茫时,母校的一通电话,让他再次看到了希望。学校了解到他就业不理想,于是重新推荐他到一家百年港资企业实习。正是这一次推荐,刘超迎来了人生的转折点。在外企拼搏的日子里,从理论到实践,从个人到团队,刘超不仅获得专业技术的提升,为人处世、人际关系交流的能力也渐渐得到同事们的认可。很快,他从一名实习生晋升到助理工程师。

每当刘超谈起这段深圳打工的经历,言语之间,他都不忘感谢母校对他的关怀与帮助,他说会一直把这份感恩藏在内心的深处。

学习l看不一样的自己

"深圳是一座卧虎藏龙的城市,哪怕有一天不学习,内心都是不踏实的。"刘超说道。

他坚信:时间就像海绵里的水,挤一挤总会有。即便日常工作再忙碌,下班后他也会抽时间参加培训班的学习,短短半年时间,他掌握了 CAD、3D MAX、PS、CDR 等多种设计绘图软件。

出于对室内装饰设计的热爱,他决定为自己量身定制一场说走就走的学习之旅,这是他第一次踏入佛山这片土地。

"之所以来到佛山,是因为它的制造业在国内比较出名,它能带给我无限可能。"怀着对室内装饰设计的喜爱,2006 年,刘超决定离开承载着众多年轻人梦想的深圳,辗转来到佛山,在半工半读的状态下,他顺利完成了室内装饰设计专业的所有课程。他说："这是我人生中最踏实、充实的日子！"

有了一技之长，还需要一个施展才华的"舞台"。2011年，刘超勇敢地迈出了创业的第一步，创立了佛山市顺德区天枢装饰设计有限公司，这是一家专注于室内外建筑装饰工程的公司，坐落在享有"世界家具之都"美誉的佛山乐从。

曲折I铸造不屈的品格

"创业之路，从来都不是一帆风顺的，跌跌撞撞是常态。"与大多数创业者一样，刘超的创业旅途也充满荆棘。

2020年，新冠疫情席卷全国，一时间，众多装修行业的从业者陷入了停工、停业的消沉情绪。面对不可抗逆的困境，刘超告诉自己：等不是办法，如果不采取应对措施，员工们将会面临失业，失去养家糊口的能力，更糟糕的结果是，多年辛苦组建的团队也会解散。

"逆境时，更能看清一个人的品格。"刘超确实没让员工们失望。疫情期间生意难做，不少装修公司乘机抬价谋取利益，不同的是，刘超却以接近成本的价格去洽谈、承接工程项目，优先保障了工人们的稳定就业和收入。

蓄势I迎接未知的挑战

"在外人眼里，装修是一个体能活，从业人员也没有文化素质。"每当有人跟刘超说出类似的言语，他的心就按捺不住。他认为：学习靠个人，学习的能力是与生俱来的，只有愿不愿意学的区别，没有学不会的说法。

为了改变客户对员工们的刻板印象，刘超当起公司的读书主持人，为公司的每一位管理人员办理樊登读书的 VIP 会员，鼓励每一位员工在闲暇时间多听书、多学习，每月还亲自组织一次读书会，让员工们分享自己的读书心得、体会。

"我们的团队，就是跟别人的不一样，没文化不代表没素质，也不代表没有素养。"刘超做到了。随着读书氛围的浓烈，团队的基本素质更上一层楼，面对不同客户提出关于"工艺、工期、售后"的痛点疑问，员工们也能一一解答。

时间回到2012年，刘超与团队持续作战，仅用27天就完成了万科集团近10000平方米的市场改造项目。正是团队过硬的统筹能力、专业知识水平，良好的服务意识得到了万科集团的肯定，成为佛山万科集团的 VIP 供应商。

对于刘超的团队来说，这只是一个新的起点，在后来的合作中，公司的服务不仅得到客户的好评，也得到同行领军者的认可，与罗浮宫国际家具城、红星美凯龙、顺联国际家具城、居然之家、香港皇朝家私建立了长期战略合作伙伴关系。

从初期单一的家具展厅装修工程，到早教/幼儿园、酒店/写字楼等市场业务，刘超的业务范围遍及全国，广州、深圳、东莞、成都、上海，乃至"遥远"的内蒙古、新疆也有他的项目。

关怀｜凝聚前进的力量

在学校里，刘超主修的课程是应用电子技术，每当周末有空余时间，他就自觉加入"义修"大军中去，在学校门口摆设摊位，为周边的居民维修收音机、风扇、电视等电器设备。有时，他还会跟同学们一起去探望、照顾孤寡老人，送一些水果、蔬菜等食物。

刘超说道："感悟最深的是，自己有幸成为青年党校的一名预备党员，有机会到毛主席故居——韶山去参观学习，接触到正能量。"

在校期间，助人为乐的善心渐渐在刘超的心里生根发芽，直到出来参加工作，依然铭记心中。

疫情那些年，尽管个人经济实力有所下滑，刘超还是不忘为家乡提供帮助，以公司的名义，向家乡捐献现金、抗疫物资，新春佳节，给当地养老院送年猪，尽自己的能力回馈社会。

"刘超不像是我们的老板，更像是我们的哥哥。"一位员工这样说道。在同事的眼中，刘超是一位有温度、有情怀、平易近人的好老板，无论做什么事情，员工的利益永远放在第一位。

中秋节代表"团圆"，考虑到远在异地的员工不能回家陪伴亲人，刘超安排以公司的名义，向员工的家人寄送节日礼物，传递温暖。

原点｜人生绽放的源泉

"滴水之恩，当涌泉相报。"

虽然阔别校园多年，"文行忠信"的四字校训，仍然牢牢地刻在刘超的心中。他常常跟身边的人说："自己一生的发展方向，与青春期的教育有着千丝万缕的关系，在长沙市电子工业学校就读的三年里，老师们指导我树立正确的三观，让我终身受益!"

"实实在在做事，踏踏实实做人"，看似简单的座右铭，一直鼓舞着刘超前进。"未来，我会继续在佛山深耕我的事业。但我也有了新的想法，不只为员工解决工作的问题，还希望能够助力他们在佛山安家，与家人一起生活，享受团圆之乐!"刘超说道。

"成长的路上，总会遇到许多的困难、挑战，每一次挫折和失败，都会让自己变得更加坚强、成熟和明智。"

✦ 祝福母校

"文行忠信"的校训刻在长沙市电子工业学校学子心中，在各地奋斗的学子们，离开学校多年，也会将校训铭记于心。游子在外，母校牵挂，值此母校大庆，送上诚挚的祝愿，祝福母校青春永驻；桃李满天下，芬芳四溢；前程似锦，步步高升。让我们共同怀念那些青涩岁月，期待更美好的明天!

✦ 寄语学子

刘超寄语学弟学妹们：要勇敢地面对人生的起伏，不要害怕失败，保持一颗谦虚的心，多向身边优秀的人学习，追求自己的热爱，把握机会，方能走得更远!

愿学弟学妹们珍惜韶华，不负美好的时代，好好学习，天天向上!

19

逐梦无界，跨界远行

🔊 电子小档案

刘田，男，湖南常德人，2009年毕业于长沙市电子工业学校电子信息技术专业703班，班主任罗志勇老师。现任湖南禾晨装饰工程有限公司、湖南禾晨项目管理咨询有限公司和湖南百亿装饰设计工程有限公司董事长。

"在这个充满变数的时代，我总是坚信，坚韧不拔的毅力能够书写让自己满意的人生。时至今日，我依然认为我只是一个从电子信息技术领域跨界到室内装饰设计领域的普通人。"刘田的人生就像一部充满激情与奋斗的传奇，他的逐梦之旅充满了挑战与机遇，每一次的跨越都显得那么耀眼而坚定。

师者，传道授业解惑

2006年，17岁的刘田满载着对科技的梦想，踏入长沙市电子工业学校，电子信息技术专业成了他探索的起点。在他的记忆里，班主任罗志勇老师的身影是无法抹去的，罗老师不仅在课堂上用生动的例子点亮知识的火花，还在课外

鼓励学生们将理论应用于实践。一次，在"学雷锋维修家电"活动中，一台故障电视让所有人犯了难，是罗老师的耐心指导和刘田的不懈努力，最终让屏幕重新亮起，那一刻，理论与实践的完美结合在刘田心中埋下了创新的种子。

校园的角落里，藏着许多温暖的故事。每到傍晚，图书馆的彭阿姨总会为留到最后的学生留一盏明灯，那柔和的光线陪伴着刘田度过了无数个查阅资料、深入研究的夜晚。这些日常的细节，无声地告诉他，无论追求学问的道路多么漫长，总有人在默默支持。

"重走毛主席青少年之路"的经历，则像一股清流，滋养了刘田的精神世界。在那次红色之旅中，历史老师黄益沿途讲述的一个个鲜活故事，让那段历史不再是书本上的文字，而是变成了可触摸的情感体验。刘田记得，在翻越一座小山时，队伍遇到了意料之外的暴雨，大家手拉手互相扶持，那份团队间的信任和坚持，让他深切体会到前辈们在革命道路上的不易，也让他学会了在逆境中寻找希望的光亮。

如今，每当刘田回顾起在长沙市电子工业学校的点滴，那些与师长、同学共度的日子就像一部温馨的电影，一幕幕在脑海中回放。他说："那些年，我学到的不仅仅是电子技术，更有如何用知识服务社会，以及面对挑战时那不屈不挠的精神。"这所学校，不仅给了他知识的翅膀，还给了他飞翔的勇气。

探索者，执着拼搏创新

在 2009 年的早春，当刘田以专业第二的傲人成绩进入诺基亚长沙分公司时，他的职业生涯似乎一片光明。诺基亚，这个昔日手机行业的巨头，为他提供了一个技术与创新交会的舞台，让他有机会在这个全球领先的平台上施展才华。然而，商业世界的风云变幻总是让人猝不及防，随着智能手机革命的兴起和市场的剧烈变动，诺基亚逐渐失去了往日的辉煌，这也直接冲击到了刘田的职业轨迹。面对这一突如其来的职业生涯"地震"，他没有选择随波逐流或沉溺于过往的荣光，而是决定重新规划自己的未来。

在深思熟虑之后，刘田毅然决定通过成人高考这条路径，为自己开启一扇全新的大门。他将目光投向了与之前工作截然不同的领域——土木工程，并成功考入湖南农业大学。这一跨界之举，不仅是对个人能力的一次大胆挑战，还是他对自我价值和潜力的一次深度挖掘。土木工程，一个与城市建设、基础设施发展紧密相连的专业，要求从业者具备扎实的理论知识、敏锐的实践洞察力以及不断创新的精神，这对于拥有信息技术背景的刘田来说，无疑是一次全方位的能力升级。

在湖南农业大学的学习生涯中，刘田不仅系统地掌握了土木工程领域的核心知识，还积极参与各类实践活动不断提升自己的专业技能。2013 年，当刘田首次邂逅上海世博会中国馆那令人叹为观止的设计时，一种前所未有的震撼与启迪油然而生。这座融汇了现代科技与传统文化精髓的建筑奇观，以其独特的设计理念和宏大的艺术张力，仿佛对他发出了召唤。那一刻，他深刻体会到设计不仅是线条与色彩的艺术表达，还是文化、科技与人类智慧的交响乐章。这份突如其来的灵感，如同一粒种子，在他心中悄然萌芽，激发了他对设计领域的无限向往与探索欲。

在此后的日子里，刘田秉持着对设计的满腔热忱，毅然决然地踏上了边工作边学习的征程。他深知，要在竞争激烈的行业中脱颖而出，不仅需要深厚的理论基础，还需要丰富的实战经验。因此，他系统地研习了设计原理、材料科学、空间规划以及项目管理等多方面的知识，夜以继日地沉浸在设计的世界里，不断提升自我。同时，通过参与多个项目的实际操作，从最初的设计构思到最终的项目落地，每一个环节都留下了他辛勤耕耘的身影，这些宝贵的经验犹如磨刀石，不断砥砺他的专业技能，也锤炼了他的团队协作与领导能力。

机遇总是垂青于有准备的人。凭借出色的专业能力和广泛的人脉资源，刘田最终被海尔互联网装修慧眼识珠，委以长沙区域负责人的重任。在这个平台上，他不仅将所学知识与实践紧密结合，推动了一系列创新项目的成功实施，更为重要的是，他在这里构建了一个多元化的交流网络，与行业内的佼佼者们深度互动，共同探讨设计的未来趋势与技术革新。这些经历无疑为他日后的自主创业铺设了一条坚实的道路。"我始终坚信，选择自己热爱的事业，并倾尽全力去追求，是抵达成功彼岸的不二法门。"刘田以一种近乎哲人般的口吻说道。

在 2015 年的早春时节，怀揣着对室内装饰艺术无尽的热忱与憧憬，刘田毅然决然地踏上了创业的征途，创办了湖南禾晨装饰工程有限公司。这不仅仅是一个公司的诞生，更是刘田梦想启航的标志，同时预示着一位行业新星的冉冉升起。从最初对每一寸空间的精心雕琢，到客户满意的笑容，刘田以其独到的设计理念与精湛的工艺逐步在业界树立起了口碑，为他的商业版图奠定了坚实的基础。

紧接着，凭借着在装饰工程领域的深厚积累与敏锐洞察，2020年末，湖南禾晨项目管理咨询有限公司应运而生。这一次，他将目光投向了更为广阔的项目管理咨询领域，旨在通过科学高效的管理模式，为企业提供从项目规划到执行落地的全方位解决方案，进一步拓宽了业务范围，深化了服务层次。

2023年，随着市场需求的日益多元化，刘田再次做出重大决策，创立了湖南百亿装饰设计工程有限公司，专注于高端装饰设计与工程实施，致力于打造行业标杆项目。这次跨越，标志着他在室内装饰行业的深耕细作达到了一个新的高度，同时也彰显了他对品质与创新的不懈追求。

在这一系列创业旅程中，刘田遭遇了无数挑战与考验，从资金链的紧张到市场竞争的激烈，再到团队建设与管理的复杂，每一步都充满了未知与艰辛。然而，正是那段在长沙市电子工业学校学习的经历，赋予了他宝贵的理性思维与问题解决能力，让他深刻认识到，在任何领域，热爱与专注都是通往成功不可或缺的钥匙。正如他所言："长沙市电子工业学校的学习经历教会我，无论是精密的电路设计还是细腻的空间布局，热爱与专注是推动我们不断前行的核心动力。只有真正热爱，才能在遇到困难时不轻言放弃，持续创新，最终抵达更远的彼岸。"

刘田的人生旅程充满勇气、智慧与韧劲。他用自己的实际行动证明，无论身处何种环境，只要拥有热爱、勇于探索、坚持不懈，就能在任何领域绽放光彩。在这个快速变化的时代，刘田用自己的经历告诉我们：真正的成功，不在于起点的高低，而在于不断追求卓越、勇于跨越边界的精神。他的未来，还有无限可能，正如他所说：只要有梦，就有无限可能。

✦ 祝福母校

相逢于母校，相交于梦想。长沙市电子工业学校像搏击长空的雄鹰展翅翱翔，回眸过去，历经沧桑，奋发图强。展望未来，前途似锦，英姿飒爽。愿母校更加绚丽辉煌。

寄语学子

希望你们都能找到自己内心的热爱，勇敢地去追求，不被既定的框架束缚。无论选择的路有多么曲折，都要坚信自己的潜力，因为每个人都有无限可能。学习不仅仅是为了谋生，更是为了丰富自己的人生，实现自我价值。在前进的道路上，可能会遇到挫折，但请记住，每一次挫折都是成长的契机，是塑造更强大自我的熔炉。保持对知识的渴望，保持对生活的热爱，你们终将创造出属于自己的辉煌。

20

跨越中职到科技前沿的成长之路

🔊 **电子小档案**

何威，男，湖南望城人，2016年毕业于长沙市电子工业学校计算机应用专业1317班，班主任刘毅老师。毕业后先后就职于中国海运集团、中国民生投资集团。在中国民生投资集团工作期间，他锻炼了扎实的技术能力和团队协作能力，学到了很多关于软件开发和项目管理的经验，并在实践中不断成长。何威现任长沙飞雁云网络科技有限公司总经理。

从一个普通少年，到如今长沙飞雁云网络科技有限公司的总经理，他的成长之路充满了挑战与机遇。他的人生轨迹，就像一部跌宕起伏的励志传奇，见

证了一个中职生凭借不懈的努力和坚定的信念，跨越障碍，最终站在科技前沿的巅峰。

良师点迷津，智慧引领成长之路

2013 年，中考的失利使何威无奈地踏入了长沙电子工业学校这所中职学校的大门。那时的他，还带着初中时的顽劣与不羁，对未来充满了迷茫与不安。然而，正是这所学校和他的班主任刘毅老师，帮助他开启了一段充满挑战与成长的旅程。

初入校园，何威依然带着初中时的顽劣与不羁，经常因为年轻气盛而犯下错误。刘毅老师，一个严谨而又富有激情的教育者，很快就察觉到了他身上的这些特质。刘毅老师用三个词概括他的性格特点：率真，踏实，皮。刘毅老师说，"他率真，从不掩饰自己的情感和想法；他踏实，对待学习和生活都认真负责；他有时候也有些'皮'，但那是他青春活力的体现。我欣赏这样的学生。"刘毅老师对何威直率与踏实的品质给予了高度评价，并愿意倾注更多的时间与精力去耐心地引导他，帮助他去掉身上的一丝浮躁。

被刘毅老师频繁邀请至办公室共品香茶的时光，何威至今仍历历在目。每当他犯下错误，刘毅老师从不直接批评，而是会静静地泡上一壶香茶，让他在茶香的熏陶下冷静地反思。可能整个上午刘毅老师并不多说，但那种无声的陪伴和教诲，让他更加深刻地认识到自己的错误。这种独特的教育方式对他产生了深远的影响，使他对刘毅老师的悉心指导充满感激。

有一次让何威印象深刻。在一节专业课结束后，他随意地坐在座位上翻阅一本《Android 从入门到精通》。刘毅老师注意到了他，好奇地走了过来，刘毅老师拍拍他的肩赞许道："不错、不错，能够利用课余时间学习。"并询问他是否能理解书中的内容。何威有点不好意思地说："不全懂。"于是刘毅老师坐下来详细地向他阐述了安卓系统在手机领域的重要性，强调精通它将为他带来无限可能。刘毅老师还鼓励他，无论是在职业学校还是普通高中，只要肯努力，都能实现自我超越。刘毅老师告诉他，无论何时何地，只要有任何疑惑，都可以向刘毅老师请教。这番话如同火种，在何威心中点燃了求知的热情火焰，他随即全身心地投入那本书的学习中。之后，何威的中职生涯仿佛获得了强大的助推力，各科都取得了优异的成绩，并最终圆满毕业。在刘毅老师细致入微的指导下，何威更是利用课余时间自学安卓开发和网页设计，深入研读《Android编程实战》《网页设计三剑客标准教程》等书籍，不断磨砺和提升他的专业技能。这些努力使他驶向了人生新的快车道，向着更高的目标进发。

勤钻研创业成，回馈社会展宏图

正是这份在校园里被点燃的求知欲和对技能的刻苦钻研精神，让何威在毕业后勇敢地踏上了前往上海的求职之路，准备将所学应用于更广阔的天地。

2016 年的寒冬，年仅 18 岁的他，怀揣着微薄的 2000 元，毅然踏上了前往繁华上海的求职征途。初到上海，何威租住在一个拥挤的群租房中，仅有 10 平方米的空间，窗户破损不堪，寒风凛冽。然而，正是这段艰辛的日子，让他更加珍视每一个工作机会。幸运的是，他凭借在学校中学到的扎实且实用的软件技术技能，很快便收到了多家公司的面试邀请。不久后，他荣幸地成了中国海运集团的一员，在上海外滩与南京东路步行街的繁华中，开启了职业生涯的新篇章。

在公司里，何威勤奋刻苦，不断钻研技术，力求精益求精。尽管时常加班至深夜，但每当走出公司大楼，看到霓虹闪烁的夜景，他心中总会涌起一种强烈的渴望：他要在这片土地上闯出自己的天地。这个梦想，成为他不断前进的动力源泉。

经过数年的努力，何威的专业技能得到了显著提升。2019 年，他得到了一家跨国企业的青睐，担任 Java 软件架构师一职。在这个岗位上，他负责开发了一系列面向东南亚市场的互联网项目，包括外卖平台、打车软件、生活资讯App、旅游机票预订系统以及电子支付平台。这些项目的成功完成，不仅锻炼了他的技术能力，还让他深入了解了即时通信行业的运作机制和市场需求。

2020 年春节刘毅老师受到何威奶奶的盛情邀请，欣然前往何威的老家，参加他们的家庭聚会。看到孙子何威如此有出息，奶奶满心欢喜，在众多亲戚面前郑重宣布，等何威大婚之日，一定要请刘毅老师担任主婚人。身处何威家其乐融融的氛围中，刘毅老师深有感触地说道："多年的职业教育经验让我深刻体会到，教育所带来的改变，往往不仅仅局限于一个学生，有时候它甚至能彻底改变一个家庭。"

转眼之间，时间到了 2022 年，此时的何威早已搬出了那破小的出租屋，这一年，他凭借多年的技术沉淀和深厚的行业洞察，以及他日益丰富的人脉与财力资源，着手创立了长沙飞雁云网络科技有限公司。他深知，这一切的成就，都离不开对前沿技术的精准把握和持续不断的学习进取。为了回馈社会，也为了激励更多在求学路上不懈探索的年轻学子，他特地在抖音平台开设了名为"软件开发威哥"的账号，致力于将软件开发的奥秘与魅力，向广大爱好者普及，共同传播技术的温度与力量。

回首过去，何威感激长沙市电子工业学校为他提供的宝贵学习机会，更感激刘毅老师在他成长道路上的悉心指导和鼓励。正是这些帮助和支持，使他从一个迷茫的少年成长为今天的软件行业从业者。他将继续努力前行，不断追求自己的梦想和目标。

✦ 祝福母校

在长沙市电子工业学校迎来其辉煌的110周年校庆之际，我衷心祝愿我的母校生日快乐！我深深地感激母校为我提供了如此优越的学习环境和广阔的职业发展空间。在这里，我不仅学到了专业知识，而且培养了独立思考和解决问题的能力。同时，我铭记着班主任刘毅老师无微不至的关怀和悉心指导，还有那些曾经给予我无私帮助和支持的老师与同学们，他们的陪伴让我度过了人生中宝贵的时光。

✦ 寄语学子

对于正在校园中求学的学弟学妹们，我想分享一些我的建议。在校期间，请珍惜每一分每一秒，积极参与学校组织的各类活动和竞赛，这不仅能锻炼你的专业技能和团队协作能力，还能让你更全面地发展自己。同时，充分利用学校提供的丰富资源，多参与实习和项目实践，将所学知识与实际应用相结合，有助于不断提升解决问题的能力。我坚信，通过学习和实践，你们能够更好地做好准备，迎接未来职业生涯中的挑战与机遇。愿你们在母校的培育下茁壮成长，书写属于自己的精彩篇章！

21

求学求索践行百年校训
——优秀校友贺跃辉速写

🔊 电子小档案

　　贺跃辉，女，湖南宁乡人，2001年毕业于长沙市电子工业学校OA办公自动化98(24)班，班主任陈果老师。现任江门圣威家居集团有限公司、惠州市圣德宝家居用品有限公司总经理。江门圣威家居集团旗下工厂主要生产家居衣架用品、收纳用品，出口销售欧美市场，下辖印刷厂、五金厂、电镀厂、纸箱厂、物流公司、电商公司等产业链工厂。

　　"用微笑的态度与锲而不舍的精神面对每一次挑战，用善良和包容对待身边的人和事，做知行合一的领航者。"翻开贺跃辉的笔记本，笔者第一眼就看到

这么一句话。

求学求索电子工校

1998 年，17 岁的贺跃辉来到长沙市电子工业学校，开始了三年的求学之旅。在求学期间，她思想积极向上，勤学上进，乐于助人，主动担任班级干部，积极参加学校的各项活动，以优秀的表现取得了学校的青年党校结业证。由于她的专业是当时火爆的"OA 办公自动化"，因此除了基础的文化知识学习，她还在学校学习了 BASIC 语言编程，更是将五笔打字练得炉火纯青——这为日后她的文职工作提供了极大的帮助，同时给了她充分的专业自信。

在学校，她有幸遇见了生命中非常重要的一位老师——谭杰老师。谭老师负责学校的图书阅览室，学校每周三次的阅读开放时间，她都在谭老师的指导下管理阅览室——这让贺跃辉不但学到了管理经验，在此同时，还有了比常人更多的阅读时间。更为重要的是，谭老师教导她："微笑是一种善良，善良是一种力量，当你将所学知识与你的善良融为一体时，这种真善美正是让你赢得全世界的最大能量！"她在谭老师的影响下，懂得了谦卑，学会了谨慎，形成了温暖的处事待人的习惯，不管是熟悉的人还是陌生人，她总是洋溢着自信的微笑。到如今，当她回忆起往事的时候，对谭老师的感激之情溢于言表：谭老师看到当时出生于农村的她生活很朴素，却不够自信大方，于是谭老师主动鼓励、呵护她，常从家里带菜和衣服给她，在生活中默默地给予关心与帮助，在学习上也总是给予最大的激励。贺跃辉已经将谭老师当成长沙这座城市中最亲的人。无论何时、无论何地，贺跃辉都坚持微笑——这是她在谭老师潜移默化的影响下形成的习惯。

求实求精南下求职

2001 年，贺跃辉毕业，经学校推荐，她与另外 27 位同学一起成功应聘上了东莞市皓永电机厂——这是一个台资厂，从此，贺跃辉与同学们一起踏上了南下的打工之路。进入工厂后，大家作为工厂的储备干部，共同接受了公司的 ISO 质量体系培训。根据专业和个人特长的不同，有的进入了技术部门，有的进入了业务部门，而看起来朴实又勤劳的贺跃辉则被选进了人事总务部门。人事总务部门作为公司的后勤部门，主要负责全厂 ISO 质量体系文件资料的整理和管理、电脑的简单维护和维修、后勤物品的管理等，贺跃辉在校所学的电脑知识正好得以利用。对于第一份工作，她倍感珍惜，常常加班到凌晨一两点，老板戏谑地说："难怪你这么黑哟，白天太阳晒，晚上日光灯照。"她的敬业精神在办公室出了名。通过她自己的不断努力，勤奋好学，半年后就得到了公司高层领导的重视，升迁为人事总务主管。

不管遇到什么困难，贺跃辉都不忘母校的教导，"文行忠信"的校训总是牢记在心，坚定信念，勇往直前！她不断提升自己的综合素养，兢兢业业，为公司奉献着自己的力量，同时也将自己培养成了一个优秀的综合型人才。"求实、求索、求精、求新"的校风造就了她的人生准则。

求新创新创业东莞

说起打工，东莞市皓永电机厂既是她的第一站，也是她的最后一站。在这里她遇到了她的终身伴侣，并开启了他们的创业历程，组建了他们汗水与智慧的结晶——东莞市樟木头永辉印刷制品厂。创业之初，没钱，没设备，没背景，靠的是夫妻两人勤劳的双手和超强的远见。从一个 60 平方米不到的小出租房，扩大到 3000 平方米的小型工厂；从外发生产加工，到逐渐有了自己的印刷设备；从 2 个人的贸易公司，扩大到 80 多人的中型印刷厂；从一个客户发展到几十家客户……一步一个脚印，从 2004 年发展到 2013 年，永辉印刷厂已经成了当地小有名气的印刷企业。

这个时候的他们，不再是当年那仅靠双手打拼未来的稚嫩的小白了，已经有了国际视野。贺跃辉夫妇毅然将印刷厂交给了接班人，夫妻俩凭着那份创新与冒险精神，于 2013 年初组建了新的团队，勇敢地踏入了家居用品这个外贸行业，创立了惠州市圣德宝家居用品有限公司，主要生产植绒衣架，出口欧美国家。公司产品仅用了 1 年半，就成功进入了欧洲最大的批发连锁商超 COSTCO，有了这个大品牌的支持，公司很快与 Walmart、ROSS、THE HOME DEPOT、SAM'S、TARGET 等知名大品牌陆续建立了合作关系。然而天有不测风云，2014 年，公司最大的一个客户面临倒闭，两千多万元的货款如同打了水漂，供应商接二连三上门追款、停止供货，客户们催货紧急而工厂无料生产……生死关头，夫妻俩作出了常人不可理解的决定，与客户谈判，用价值两千多万的货款购买客户手中的所有客户资源；与供应商召开会议，签订付款计划和承诺书，以此获得大家的支持，使资金得以周转，生产照常进行。通过半年的努力，公司不但得以重生，还获得了多方市场资源，更是与一批坚固可靠的供应商达成合作。他们有着在逆境中坚定前行的抗压能力，将坏事变成好事的应变能力，一个客户发展成无数个客户的拓展能力。他们具备清晰的目标和愿景，能够预见未来市场趋势和商业机会，能很好地为企业和团队指明方向。2018年的海关数据统计，圣德宝的植绒衣架出口约占全中国出口量的45%。这是一个非常惊人的成绩，在外人看来似乎成功得轻而易举，但只有经历过的他们才知道什么叫经历风雨方能见彩虹。

抬望眼，惊心动魄的创业过程在现今看来其实已成故事，而创新的思维是贺跃辉夫妇源源不断的动力。创新是一个企业最重要的血液。贺跃辉夫妇深深懂得这个道理并付诸实践，对衣架产品的深耕研究到收纳家居用品的拓展，当初的圣德宝衣架工厂，如今已经发展到了投资12个亿的江门圣祥产业园，江门圣威家居集团的产品已经在批量投产中，配套的产业链在快速孵化，柬埔寨圣威工厂也正在同步筹建。

回首往事，贺跃辉有感于求学求索践行百年校训而受益匪浅，她真诚感言：我将母校的校训"文行忠信"作为指导我前行的人生准则，始终坚持文以载道，行稳致远，忠贞不渝，信守承诺，自强不息！这些年，在集团发展的路上，我始终以人为本，致力于团队建设，将企业做大做强。尽管我们可能无法达到华为等高科技公司的水平，但依然可以通过不断提升自身竞争力，为社会创造更多的就业机会。同时，紧跟国家政策导向，把握产业发展趋势，积极布局新兴领域，为实现企业做大做强的目标努力奋斗。在母校辉煌的110周年庆典之际，衷心感谢学校对我的培养，我希望通过分享我的个人创业经历，激励更多校友勇往直前，为学校增光添彩。

✦ 祝福母校

我谨代表1998级全体校友，向母校致以最诚挚的祝福！百年征程，岁月峥嵘，学校历经沧桑，培育了无数英才。今天，我们为母校的辉煌历程感到自豪，为母校的成就喝彩！愿母校在今后的岁月里，继续发扬光大，为祖国的繁荣富强添砖加瓦。让我们共同期待，在不久的将来，见证母校更加辉煌的明天！祝母校生日快乐！

寄语学子

愿学弟学妹们珍惜在校的时光，不断充实自己，勤奋学习，积极参与社会实践，锻炼自己的综合素质，全面成长。除了提升专业学术能力，还要注重人际沟通，努力成为全面发展的优秀人才。

22

跨界创新　书写传奇人生

🔊 电子小档案

　　聂胜强，男，湖南长沙人，毕业于长沙市电子电器职业中专（今长沙市电子工业学校）电（一）班，班主任盛季球老师。现任湖南众视超媒科技有限公司董事长。湖南众视超媒科技有限公司位于国家级文化产业示范园区——马栏山视频文创产业园，深耕视频制作与大型活动策划执行、品牌传播。公司重视技术赋能，从内容生产、制作、传播等环节均有自主知识产权的技术支撑，在内容创意领域不断更新迭代、创新突破，公司因此获评国家高新技术企业，并入库湖南省科技型中小企业名单。

　　在浩瀚的职业生涯长河中，有些人选择安逸地顺流而下，而有些人则勇敢地逆流而上，用跨界创新的勇气书写属于自己的传奇人生。聂胜强，这位湖南长沙市走出的电子电器专业毕业生，便是后者中的佼佼者。他凭借对电子技术的深厚功底和对媒体行业的敏锐洞察，成功转型为新媒体领域的领军人物，创立并领导湖南众视超媒科技有限公司，开启了媒体融合与技术创新的新篇章。

　　当聂胜强初次踏入长沙市电子工业学校的校门时，他还是一个怀揣着对未知世界

无尽好奇，同时又不免有些迷茫的少年。电子专业，这个在外界看来似乎与新闻和媒体行业大相径庭的领域，却以出其不意的方式，成为他追逐梦想的起点。他的成长轨迹，始于与电路板、半导体相伴的日日夜夜，然而，命运的轨迹却让他在新媒体的浪潮中，捕捉到了时代的脉搏，从而书写出属于自己的传奇篇章。

起点：接触电子，锤炼性格

聂胜强的父亲是一位在大型国有企业辛勤耕耘的无线电工程师。他下班后，总是乐于用他的专业知识为工厂的同事们解决家用电器的问题。在聂胜强的年少记忆中，家中总是堆满了各式各样的拆开的电视机、录音机等。那些密密麻麻的电容、电阻，仿佛蕴藏着无尽的魔力，它们在他眼前演绎出动人的音乐旋律和令人振奋的电视画面。正是这电子的魔力，极大地激发了他对这个世界的好奇心。因此，在报考高中时，聂胜强毫不犹豫地选择了长沙市电子电器职业中专（今长沙市电子工业学校），踏上了探索电子世界的求学之路。

1990年，聂胜强踏入长沙市电子工业学校的校门。电子课程虽然繁重，但他在焊接零件、设计电路的过程中，总能找到属于自己的乐趣。然而，电子专业课程的学习并非一帆风顺。有时，一个看似简单的电路图会让他沉思一整天；有时，面对一个隐秘的故障，他倍感压力。但正是在这些挑战中，他的班主任盛季球老师给予了他无尽的鼓励与指导。盛老师教导他要有全局性的思维，明白一个复杂的电子系统中，任何一个微小的元器件故障都可能导致整个系统的瘫痪。因此，他学会了细心排查，从全局思考问题，并慢慢培养出了耐心细致的工作习惯。

同时，聂胜强也对电子科技的前沿动态保持着浓厚的兴趣，时刻关注着各类新技术、新科技的发展。这些在母校养成的思维习惯及行业敏感性，后来成为他进入媒体行业的最大优势。

转折：初遇电视，梦想萌芽

1993年，聂胜强顺利从学校毕业，踏入了某大型国有企业的厂电视台。虽然名为厂电视台，但它实际上只是企业宣传科下属的一个小机构。整个厂电视台仅有一档节目，那就是《厂区新闻》。厂电视台仅有三名成员，他们三人也是各身兼数职。聂胜强不仅扛起了摄像机，开始了摄像的学习与实践，还凭借在学校学到的专业知识，成了厂电视台中唯一的技术员。从摄像播出设备的日常维护、维修，到全厂有线电视的检测、检修，这些工作都落在了他的肩上。经过数年的锻炼和磨砺，聂胜强逐渐成为厂电视台中那个能够自拍、自编、自写电视新闻，同时也能维修摄像设备及有线电视播出设备的全能人才。他的努力与成就，赢得了同事和领导们的广泛赞誉。

这段经历不仅让聂胜强在实践中锻炼了自己的专业技能，而且让他对电视新闻行业产生了深厚的兴趣和热爱。这段经历在他心中埋下了梦想的种子，让他对未来充满了期待和憧憬。

破茧：成为记者，大胆创新

20 世纪 90 年代末，国企改制的风潮席卷而来，曾经让人羡慕不已的大型国企纷纷陷入困境，聂胜强开始重新审视自己的职业规划。1999 年，一次偶然的机会，他得知湖南有线电视台正在面向社会招聘新闻记者、摄像等岗位。尽管他的专业学历尚未满足记者岗位的门槛，但多年的多面手经历让他满怀自信。他相信，凭借自己在技术上的深厚功底，定能成为与众不同的竞争优势。在父母的坚定支持下，他决定放下国企的稳定工作，勇敢地投身于湖南有线电视台，成了一名实习摄像师。

湖南有线电视台的专业级摄像机比之前厂电视台里的家用级摄像机要沉重得多，也复杂得多。上班的第一天，聂胜强就感受到了前所未有的压力。然而，他并没有退缩。他一边刻苦学习摄像的基本功，一边仔细观察专业新闻记者的工作流程。刚开始，他只是一名摄像师，后来开始协助记者整理采访资料，并尝试撰写新闻稿件。每一步都走得异常艰难，但他始终保持着坚定的信念。幸运总是眷顾有准备的人。在一次科技会议的采访中，他凭借在学校积累的专业知识，不仅准确捕捉到了技术亮点，还深入浅出地向观众解释了其背后的科学原理。这篇报道获得了广泛好评，聂胜强也因此从一名电视摄像师转型为电视新闻记者。

2002 年，湖南有线电视台改组为湖南广播电视台都市频道，并创办了电视民生新闻栏目《都市 1 时间》。凭借在新闻岗位两年的辛勤耕耘，聂胜强脱颖而出,成为《都市 1 时间》栏目的责任编辑团队成员。他主张摒弃时政新闻中的空话套话和八股文,强调"说诚实话,说百姓话,说真心话"。这一主张在该栏目新闻记者中开创了民生新闻的新文风,逐渐成了该栏目的独特风格。2005 年,聂胜强开始担任栏目制片人,在节目内容和技术应用上大胆创新。他首创了杂志型日播新闻节目风格,并在技术上率先引入 SNG 连线直播技术,实现了新闻直播连线的常态化。这些创新举措让《都市 1 时间》栏目脱颖而出,获得了领导、观众的高度认同。该栏目同时段收视率稳居全省电视收视第一名,栏目广告年创收最高达 8000 余万元。他也因此晋升为频道总监助理,转业至新闻管理岗位。在此期间,他还有幸作为湖南广电的年轻人才,被选送到世界十大新闻传媒学院之一的英国威斯敏斯特大学深造。

成长:跨界融合,独树一帜

在新媒体浪潮的迅猛冲击下,传统电视媒体的生存空间逐渐受到挤压。而新媒体与传统媒体的融合发展,已然上升为国家战略的高度。洞察到这一历史性的转变,聂胜强在 2018 年毅然决定告别工作了 13 年的新闻管理岗位,主动拥抱新媒体,承担起湖南广播电视台经视频道融媒体事业部负责人的角色。

在新媒体领域的发展中,内容创意能力与管理能力固然是基础,但前沿技术的掌握与学习能力同样不可或缺。特别是近年来,AI 大模型的兴起让聂胜强深感震撼。从视频创新、文案撰写到画面设计,乃至自动生成内容,AI 大模型都提供了成熟且高效的解决方案。而他在学校时积累的专业知识,成为他学习、掌握这些前沿技术的坚实基石。每当新的技术手段问世,聂胜强总能迅速发现其潜力,并投入精力去掌握和应用。他深知,只有不断学习和进步,才能在这个日新月异的新媒体时代立足。

面对未来,聂胜强充满了期待与信心。他相信,在湖南广播电视台经视频道融媒体事业部的平台上,他能够发挥他的专长,推动新媒体与传统媒体的深度融合,为观众带来更多元化、更高质量的内容体验。

转型:主动挑战融媒体事业

2020 年 11 月,聂胜强荣幸地牵头为三一集团精心策划并制作了《智造·

机惠——三一全球购机狂欢节》这一大型晚会。在这场盛会中，他创新性地融入了线上直播带货的形式，将传统晚会与新兴电商模式完美结合。更值得一提的是，他引入了前沿的虚拟技术，在节目现场成功打造出卡车人的虚拟形象，这一创新举措迅速成为网络上的关注热点。

这场晚会不仅为观众带来了前所未有的视听盛宴，而且在短短两小时内实现了惊人的销售成绩——成交额高达234.89亿元，这一数字不仅令人瞩目，而且刷新了该行业全球单场线上促销活动的新纪录。

随后，聂胜强积极对接新媒体科技公司，与抖音、快手、京东等热门平台展开深度合作，共同推出了多档融合创意与科技的节目。这些节目不仅内容丰富多样，而且形式新颖独特，深受观众喜爱，获得了广泛好评。

作为一名媒体人，聂胜强始终坚信创新是推动行业发展的关键。在未来的工作中，他将继续探索新的技术和模式，为观众带来更多精彩纷呈的节目内容。

跋涉：不断求变，紧跟时代

当2020年9月习近平总书记莅临长沙马栏山视频文创产业园考察，并明确指出文化和科技融合是朝阳产业，拥有无限潜力时，聂胜强内心涌动着一种难以言表的激动。随后，《中国（长沙）马栏山视频文创产业园产业发展规划》的正式出台，为这片土地描绘了一幅年产值超千亿元的宏伟蓝图。

聂胜强深知，这是时代为像他这样的文化创意与技术融合型人才吹响的进军号角。技术引领媒体内容发展已是大势所趋，而创新求变，正是他们这一代人的使命。因此，在2021年春节前夕，聂胜强郑重地向湖南广播电视台递交了辞职报告，结束了长达21年的电视媒体职业生涯。他与两位志同道合的同事一起，在马栏山视频文创产业园创办了湖南众视超媒科技有限公司——一家专注于科技与媒体融合的创新型企业。

该公司的与众不同之处在于，它不仅强调文化创意，深耕优质内容，更将科技创新视为核心驱动力。从内容生产、制作到传播，它都有自主知识产权的技术支撑，并已获得国家软件著作权。聂胜强带领团队不断探索媒体融合的新模式，积极推动技术创新在视频制作与活动执行中的深度应用。例如，他们引入 AI 大模型技术辅助内容创作，利用大数据分析优化内容分发策略。这不仅提升了内容质量，也让公司在新媒体时代保持了强劲的竞争力。

2022 年，经过全国高新技术企业认定管理工作领导小组办公室和科学技术部火炬中心的严格评审，湖南众视超媒科技有限公司荣获国家高新技术企业的称号，并成功入库湖南省科技型中小企业名单。这是对他们努力的肯定，也是对他们未来发展的期待。聂胜强坚信，只要他们不断求变，紧跟时代步伐，就能在新媒体领域创造更多的辉煌。

展望未来，聂胜强深知道路漫长，但他将坚守初心，不断探索科技与文化的深度交融，推动媒体行业的持续创新。他希望能用自己的故事激励更多的人勇敢追逐梦想，跨界成长。因为，他深知每一个梦想都值得被尊重，每一段旅程都有其独特的风景。

✦ 祝福母校

回望我的成长之路，从长沙市电子工业学校的一名学生，到如今成为媒体科技公司的董事长，每一步都充满了挑战与机遇。每一次身份的蜕变，都是我对自我极限的超越。我深感那段在长沙市电子工业学校学习的日子，是母校为我铺设了坚实的基石，赋予了我独特的思维视角和扎实的技术基础。在母校迎来 110 周年校庆暨职业教育开办 40 年之际，我衷心祝愿母校桃李芬芳，人才济济，继续书写创新篇章。

✦ 寄语学子

我想对在校的学弟学妹们说："技术如同飞翔的羽翼，梦想则是驰骋的骏马。请珍惜你们在校园里的每一刻，勤学苦练，掌握真本领。未来是属于你们的，愿你们勇于探索，敢于求变，书写属于你们的灿烂篇章！"

23

不断学习，敢于突破

◁)) 电子小档案

张文文，男，湖南长沙人，1990年毕业于长沙市电子电器职业中专学校（今长沙市电子工业学校）家电（五）班，班主任张小平老师。1998年创立了湖南嘉威办公设备有限公司。经过二十多年的努力，该公司已经由位于长沙市书院路的一家打字复印社发展为一家大型办公自动化设备的专业销售及服务公司。

种下梦想，悉心灌溉

张文文在1987年进入长沙市电子电器职业中专学校家电（五）班学习，当时

国家正在推行职业教育，他们那一届共两个班，专业是家电维修。他说，虽然已毕业34年了，但三年的职高学习生活有好多事情仍印象深刻。

张小平老师是他们的班主任和英语老师，张文文对她记忆深刻。张小平老师总是用心去感知每个学生的需求，用心去关注每个学生的成长。张文文记得当时英语课本上的知识与他们专业所需的英语知识不够匹配，张小平老师就根据他们的专业自己加班加点查资料，编辑了一本收录了各种专业词汇的适合他们专业学习的英语教材，让他们能通过学习英语看懂图纸，提高英语专业水平。张小平老师不仅教他们英语课本知识，还教给他们人生的真谛，为他们的成长付出颇多，帮助他们建立自信、发挥潜能、追求卓越。在张小平老师的指引下，学生们更加明确了自己的人生目标和方向，为实现梦想不断奋斗。

张文文在学校遇到的另一位良师是赵一立老师。赵老师是教电子电器的专业课老师，高高瘦瘦的，一头短发，知识渊博、幽默风趣、和蔼可亲，而且教学方式灵活多样。不但让学生们学会理论知识，还注重培养他们的动手能力。记得当时上彩色电视机维修专业课，学校没有教学用的电视机，赵老师就从自己家里搬来了一台彩色电视机让大家动手，40多个学生围着这台电视机拆装。结果可想而知，这台电视机被学生们拆坏了。最后赵老师把拆坏的电视机搬回家了，也不知道还能不能正常使用，不过他们看到的始终是赵老师那满脸的笑容。

当时的校长郭子雄老师也让人难以忘怀。郭校长十分负责，不但教电机专业知识，每天还要到学校检查工作。他没有校长架子，学校在他的管理下，呈现出一片欣欣向荣的景象。张文文仍记得为了让毕业班的学生有实习的机会，郭校长跑了很多单位，终于联系了无线电厂实习。这个机会来之不易，一是可以让学生有动手的机会，二是表现好的可以留在工厂工作。学生就业是当时的重中之重，郭校长为了让更多的学生留在工厂工作，每天一大早就带着专业课老师站在工厂大门口等着学生来工厂实习，因为担心他们学不会、干不好，怕他们迟到，所以自己到场督促。就这样郭校长坚持了两个多月，也成功让一大批学生通过了实习，留在了工厂。

梦想茁壮，与母校共成长

张文文记得1989年的时候，学校传来好消息，说有可能从职业高中转为职业中专。但学校要升为职业中专还有很多方面不达标，学校的基础设施、教学质量等各方面都亟待提升。"再大的困难也要上"，校领导在全校师生大会上这样告诉他们。这一下全校师生都动员起来了，校领导加强实验室的建设，老师狠抓教学，学生也拼命学习专业知识，全校师生齐心协力。但是，1989年验收没通过。1990年6月，张文文拿着职高文凭从学校毕业进入社会参加工作，本以为会留下遗憾，但同年9月，他接到电话说学校通过验收正式升为职业中专。听到这个消息，张文文真为他的母校感到骄傲。

张文文非常感恩母校提供的学习平台和机会，帮助他进步和成长。人的一生中会遇到许多人，有的人，只是擦肩而过，然后彼此匆匆地为自己的生活奔波，成了过客；有的人，志同道合，一起在成长的道路上共同奋斗，互相勉励，成了益友。张文文很庆幸，他在长沙市电子电器职业中专学校遇到了许多知识渊博、负责、细心、温暖和善的良师。

梦想开花，愈战愈勇

1990年从长沙市电子电器职业中专学校毕业后，张文文被推荐到长沙科海商场实习，学习复印机维修，他的职业生涯从此开始。因为在学校学习了家电维修的基础知识，进入长沙科海商场后凭借在学校掌握的基础知识，张文文很快就掌握了复印机维修技术。这项技术在当年是非常领先的，市场上这样的技术工程师很少，因此他凭借这项技术得到了用户和公司的认可，成了公司技术经理、销售经理。刚进入社会，经历了很多困难与挑战，体会到了工作的艰辛与不易，在这个过程中，张文文体悟最深的就是不管什么时候都要抱着学习的心态，永远都不能停下学习的脚步。工作岗位中有很多需要学习的知识，每一个阶段都有要更新的知识和要提升的方面。不断地学习，把自己培养成学习型人才是成功的关键。

回顾一路走来的职业生涯，张文文感恩毕业后的贵人——蒋国建。蒋国建是长沙科海商场的老板，原长沙五一文化用品商场复印机部部长，当时已经是全国有名的复印机技术专家。他了解到长沙市电子电器职业中专学校的学生专业对口，且毕业学生优秀，因此他于1990年到长沙市电子电器职业中专学校招聘。正是这次招聘，张文文获得了宝贵的机会。在张文文进入这家公司之前，公司已经有五六个从长沙市电子电器职业中专学校毕业的学生。张文文进入公司后得到了专业的培训和学习机会，公司的领导和校友帮助了他成长。正式工作后，为了尽快掌握维修知识和技能，张文文他们白天上班跑客户，晚上基本上都加班学习专业知识，吃睡都在公司，抓住一切机会学习，因此技术进步很快。现在回想起来，张文文感激初入职场时的一切机会和磨炼，有贵人相助，有校友相持，更有努力拼搏的自己。

1998 年，张文文开始创业，在长沙市书院路开了一家打字复印店，并开展复印机维修业务。起初，成绩并不理想。当时的竞争对手是五一文、科文两家大的国有公司，市场几乎被这两家公司垄断。没有资金、没有人员、没有客户，很难打开销路。为了生存下去，经过市场调查，张文文凭借掌握的维修技术开展了复印机耗材配件批发业务。张文文从不起眼的小配件入手，以教会经销商复印机维修技术来带动耗材配件的销售。正是有了技术的加持，才逐步打开了耗材配件的销售通路。经过长时间的发展，业务逐渐开展到全省，并且培养了一大批技术型经销商。多年的拼搏后，市场出现转机，原来的五一文、科文两大国有公司因体制改革全部倒闭。张文文看到了巨大的机遇，立即行动起来，他从母校招聘了一批学生加入公司，组织在全省开展复印机销售业务。随后，张文文带领公司拿下了理光、松下、东芝、柯尼卡美能达等复印机、打印机的全省总代理，事业高峰年销售额达 8000 万元，员工人数达 70 名，成为湖南省较大的复印机专业销售公司之一，并且连续 15 年湖南销量第一，市场占有率第一。为了推动行业的发展，他们还发起成立了长沙市芙蓉区办公设备协会，不断提高和推动行业的发展。随着国家大办公、智慧办公，数字化转型理念的提出，他们将为用户提供更多的优质的产品和服务。

✦ 祝福母校

职业教育是长沙市电子工业学校的特色，是历史沉淀的结果，体现着学校的使命。愿长沙市电子工业学校越办越好，蒸蒸日上，桃李满天下。

✦ 寄语学子

亲爱的同学们，希望你们好好读书，珍惜校园生活。当你们进入社会以后就会发现学生生活是多么美好，要抓紧在学校的学习时间，认真学习，相信你们会有更加美好的明天。

24

专注专业　成就辉煌

🔊 电子小档案

　　谌伟，男，湖南益阳人，2003 年毕业于长沙市电子工业学校 2000 (五) 班，班主任廖勇涛老师。现任上海尚禾建筑装饰设计有限公司总经理。公司于 2020 年在上海创立，致力于提供室内设计整体交付方案。其业务领域涵盖精品住宅、商业地产、酒店会所等方面。公司凭借丰富的设计与实施经验，以及优秀的全程项目管理服务能力，赢得了众多客户的青睐。

　　一万小时定律，是作家马尔科姆·格拉德威尔在他的著作《异类：不一样的成功启示录》一书中提出的。他认为：人们眼中的天才，之所以卓越非凡，并非天资超人一等，除了天赋和机遇外，要成为某个领域的专家，至少需要投入一万小时的成长时间。有一个人深谙这一定律，专注专业，孜孜不倦，最终成就辉煌，扎根上海，成为上海尚禾建筑装饰设计有限公司总经理，他就是谌伟。

感念师恩 走出家乡

2000 年，长沙市电子工业学校的廖勇涛老师来到谌伟的家乡招生，廖老师对学校的介绍深深吸引着谌伟，他带着谌伟走出了家乡大通湖，改变了他面朝黄土背朝天的命运，可以说廖老师是谌伟生命中的第一个贵人。

来校后，由于谌伟积极学习电子技术专业知识，因此他的动手能力得到了很大的提升，在维修电视机上有着自己的一套，每年的寒暑假他都能接很多电视机维修的业务，不仅提高了他的动手能力，还能获得不少的收入，能帮父母减轻负担，解决自己的学费问题。这种也算勤工俭学的方式让谌伟顺利地把中专读完了，更有趣的是他成了附近小有名气的"电视机维修能手"，这为他参加工作后较强的动手能力打下了基础。

回顾校园生活，谌伟说他在学习方面虽不属于成绩特别优秀的学生，但是他热爱体育，善于和同学沟通和交流，并且加入了校学生会，通过自己的努力，担任了一年多的学生会主席，这个经历对于他后续的生活、工作是一笔巨大的财富。

2003 年是谌伟最难忘的一年，那一年恰逢非典疫情，也正值中专的第三年即实习的那年。看到其他同学都陆陆续续找到实习的单位，而谌伟却是一筹莫展，加上非典疫情，人心惶惶，他当时心情也非常的郁闷。在谌伟最难受最迷茫的时候，教计算机的曹孝玉老师找到谌伟，询问谌伟有没有兴趣帮他。谌伟之前和曹老师交集并不多，因为曹老师不当班主任，也不是学校的领导，唯独有的交集就是曹老师是谌伟的计算机老师，他们在每周两堂的课堂之上碰面。曹老师是个内敛的人，单单瘦瘦，话不多，但他是音响方面的高手，从设计施工到调试都很专业。在曹老师的引荐下，谌伟后面正式进入漤湾镇的某个酒店工程部，主要负责整个酒店的网络维护和音响系统调试的工作。

这是谌伟人生中的第一份工作，他非常珍惜。在拿到第一个月工资 800 元时，他很是激动，他想他终于可以自己挣钱，可以帮父母减轻负担了。于是孝顺的他留下 200 元开销后，剩下的全部寄回家里了。由于曹老师的帮助和提携，加上自己的努力，谌伟第二年便加入了给酒店做娱乐管理系统的公司，做技术安装工程师，负责整个湖南省的点歌系统的安装和调试。这次工作经历让他的专业能力得到了进一步的提升，为去上海发展奠定了基础。

艰苦奋斗　扎根上海

2005 年，公司业务发展得比较好，业务拓展到了北京和上海，在北京、上海两地相继成立了分公司，所以需要技术骨干去做技术支持和协助，谌伟有幸被领导钦点去上海分公司做支持。由于时间紧任务重，领导一安排，谌伟就买了第二天去上海的火车票，第二天正好是五四青年节，他坐上了 K137 奔向大上海。即使谌伟现已落户上海，但第一次去上海的经历到现在都是记忆犹新、历历在目。

初来上海，谌伟的生活是两点一线，项目所在地和公司的集体宿舍。在渐渐熟悉上海的生活后，和所有外来务工者一样，他和同事在休息之余也去逛了南京路步行街、外滩万国建筑、陆家嘴金融中心以及城隍庙老街，感受了上海的繁华，这也深深地吸引了来自大通湖的谌伟，他在心里暗下决心，一定要在大上海扎根，要在大上海立足。

在前公司工作了一年多后，谌伟选择了一个更大的平台，属于行业内前三强的企业。最开始他还是做着老本行——技术安装工程师，但他不甘于现有的岗位，也为了扎根上海的梦想，于是做了一个非常大的决定，和领导提出转为前端销售。对于谌伟来说，这个挑战非常大，当时的他并没有考虑那么多，但之前做技术和售后时与老客户关系好，公司领导给予了不少支持，他自己也非常勤奋，白天拜访下游供应商，晚上跑娱乐场所，功夫不负有心人，转到销售不到三个月的时间就开单了。虽然单值不是很大，却是一个好的开始，也坚定了他继续坚持做销售的决心。为了犒赏自己，谌伟把第一个月的提成拿出来，买了一台价格 1800 多元的诺基亚手机。

在工作过程中，谌伟逐渐发现自己有很多不足，特别是和客户交流时，只能交流技术层面的问题，这属于理工男的典型不足，也就是现在所说的情商不高。谌伟深知自己的中专学历太低，为了弥补不足，必须进行深造。于是在朋友的推荐下，谌伟报名了上海纺织大学(现东华大学)市场营销专业的夜大。通过两年多努力，他如愿以偿拿到了大专的文凭。也许是上天会眷顾一直勤奋和努力的人，那年谌伟的业绩拿了全公司第一名。碰巧销售部经理要去杭州开辟新市场，他因优秀的业务能力，被公司领导提拔为销售部门的经理，开启了新的工作历程。

2008 年北京成功举办奥运会，2010 年上海成功举办世博会，这两次活动给谌伟所在的行业带来了机会。不安分的谌伟也因此萌生了自己创业的想法。2009 年底，"不知天高地厚"的谌伟在老板劝阻无果的情况下，选择跳出公司自己干。当时跟着他唯一的员工是他的亲弟弟(2008 年大学毕业后，谌伟介绍来公司做技术工程师)，谌伟负责业务的开拓和洽谈，他的弟弟负责安装调试和落地服务，这就开启了谌伟的第一次创业。

创业是艰苦的，也是困难的，由于之前准备不充分，所以谌伟在创业路上遇到了很多坎坷，如产品代理问题、供应链体系搭建问题，以及项目管理问题等。一系列的问题接踵而至，让谌伟焦头烂额，但他知道开弓没有回头箭，必须硬着头皮向前冲，所以他在拓展业务的同时还会去参加一些企业管理培训班，也购买了很多关于经验管理的书籍，边干边学，慢慢摸索。由于之前有了一定的业务积累，再加上行业属于上升期，公司的业务还算稳定，公司人员慢慢扩展到 10 人左右，年销售也增长到 600~800 万元。

这样的经营状况维持了两年多，公司账上也有了些利润，但谌伟因利润分红问题和弟弟之间产生了一些误会。他在 2012 年春节后，和弟弟推心置腹地沟通了一次，提出了分家的解决方案，双方都同意签字确认。他和弟弟也从此分家了，弟弟选择去苏州发展，他继续留在上海。这是谌伟的第一次创业，以失败告终。

慎始敬终　行稳致远

2012 年是谌伟人生发生巨大变化的一年，那一年春节，他以失败结束了第一次创业；同年 5 月，他和妻子完婚，成了一个丈夫；11 月，他的孩子出生，他又成了一个父亲。一年把人生的两件大事情办完了，谌伟既开心又感觉压力很大，但他认为这是一个男人的义务和责任，不能退缩。虽然有些让人喘不过气来，但必须得负重前行。因为妻子要带孩子，没有收入，谌伟作为家里唯一的经济支柱，他决定找一份稳定的工作，给妻子和孩子一个保障。

2013 年，谌伟在好朋友的推荐下去了一家别墅装饰企业——尚层装饰上海浦西分公司(尚层装饰是中国规模最大的装饰企业之一)担任客户经理。该岗位主要负责别墅设计和装修的业务。新进员工不管以前做过什么，成绩多么优秀，必须从最基层的一线销售人员干起，靠能力说话。虽然这个行业对谌伟来说算是一个陌生的行业，一切都要从零开始，但谌伟是个不服输的人，他保持着空杯的心态，沉下心来虚心地跟领导学习，每天起早贪黑，学习如何讲解设计装修流程、谈单技巧、跑渠道的捷径。时间花在哪里，果就结在哪里。通过谌伟不懈的努力，他完成了公司所有的考核，以优异的成绩成为公司正式的客户经理。

2014年，谌伟全年业绩做了1100多万元，排在全公司客户经理前五名，对于他这个刚入行的人来说，这个成绩已然算不错了，但是他并未满足，他的目标是第一名。2015年，通过他的不懈努力，业绩做到了1600多万元，成为公司排名前三的客户经理，收入方面也有了很大的提升。2016年，由于谌伟业务能力强，重点小区开发得好，那年他如愿以偿拿到了全公司客户经理岗位的冠军（个人产值2800多万元），拿到了较为可观的年收入。2017年，他参加公司中心经理竞聘，成为第八设计中心的经理，进入了中层管理岗位。他也如愿在上海徐汇区购置了一套80多平方米的公寓房。一家人的生活稳定下来了，十年前的梦想也算实现了，他真正做到了在上海扎根。

2017年到2020年是谌伟在管理岗位上工作的三年，这个三年是他比较难忘的三年，也是新晋管理者需要提升和学习的三年，在他的人生当中起着至关重要的作用，因为这三年的沉淀，给了他第二次创业的底气。

三年中层管理者做下来，谌伟并没有实现自己的既定目标——从中心经理做到分公司总经理，还看到了自己的职业天花板。于是他在2020年年底做了一个大胆的决定，从之前的尚层别墅装饰上海浦西分公司的中层管理岗位离职，去尚层浦东分公司设计事务所做大客户经理，面向大型别墅，为设计和服务有着高要求的客户服务，并坚定了这条路就是以后的发展方向。

在尚层浦东分公司设计事务所的两年，谌伟学到了更多的关于设计服务、设计管理、施工管理以及项目管理、资金管理的知识，并同许多优秀的设计师一起完成项目。在完成项目时，他和几个优秀的设计师建立起了深厚的友谊，为后面的创业发展埋下了伏笔。

2022年疫情放开后，谌伟和三位优秀的设计师一起辞职，选择创业，这一次创业和第一次创业正好相隔了10年。有了前车之鉴，这次他和每个合伙人都沟通好，大家一起为公司奋斗。有了前几年管理和做大客户经理的经验，谌伟在创业前期比较顺畅。创业的前半年，公司的产值就做到1500多万元。2023年虽然很"卷"，也很困难，但是公司的业务还是在稳步向前。谌伟告诫他的员工以及合伙人，现在以及未来只能靠真正的专业能力才能立足市场，如今已是信息爆炸的年代，早已没有信息差的红利了，只有持续不断地学习，专注最专业的行业，公司才会有机会和发展。

✦ 祝福母校

一个来自大通湖的男孩，因为母校的老师，改变了自己的命运。他专注自己的专业，精益求精，最终实现扎根上海的梦想。回首这段艰辛的旅途，他想对母校说："感谢母校领导和老师对我的关心和帮助，衷心祝愿母校110周年快乐，并祝愿母校越来越好，希望母校为国家和社会培养更多的专业技术人才。"

✦ 寄语学子

他想真诚地告诫学弟学妹们："珍惜在学校里学习的时光，学历并不代表着能力，有学习力才是真能力。一定要抱着成长的心态，有一颗不断进取的心，以及学到老才能活到老的意志，这样你才会在这个竞争激烈的社会中有一席之地。"

25

从职校到招投标精英的奋斗历程

🔊 电子小档案

　　周顶，女，湖南长沙人，毕业于长沙市电子电器职业中专学校(今长沙市电子工业学校)商业电子(32)班。班主任范立老师。现任湖南景熙招投标有限公司总经理，专注于招投标代理服务工作。

　　在岁月的长河中，每个人心中都有一段独特的求学记忆，那是青春的印记，是梦想的起点。

求学之路

　　1991年9月，金秋时节，阳光温柔地洒向大地，也洒满了周顶的心田。怀揣着对电子商业领域的无限憧憬和好奇，她以优异的成绩考入了长沙市电子电器职业中专学校的商业电子专业(这是学校最后一次带编包分配的招生)，踏上了追寻梦想的求学之路。从此，周顶将在这所知识的殿堂里，展开她人生的新篇章。

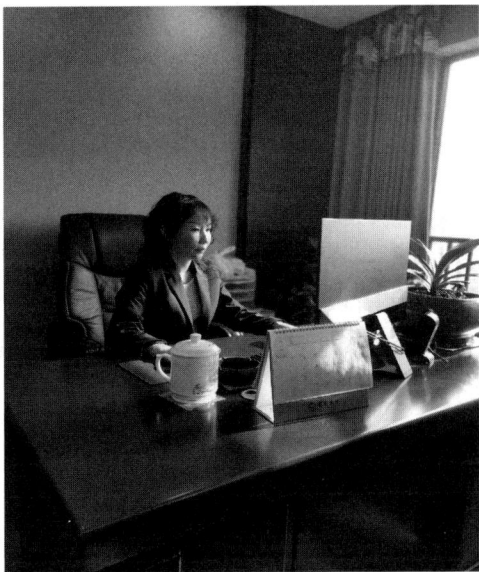

在学校的日子里，周顶每天都像海绵一样吸收着知识。她坐在宽敞明亮的教室里，专注地听着老师的讲解，手中的笔不停地记录着重点。每当遇到难以理解的知识点，她都会主动向老师请教，老师们也总是耐心地为她解答疑惑，帮助她深入理解每一个细节。

在实验室里，周顶对电子设备的操作充满了浓厚的兴趣。她小心翼翼地按照老师的指导，一步步地操作着各种复杂的设备。有时，她会因为操作不当而失败，但老师从不责备她，而是鼓励她不要气馁，继续努力。在老师的指导下，周顶逐渐掌握了电子技术的基础知识，并能够在实践中灵活运用。

在商业运作的课程中，周顶更是感受到了商业世界的复杂与魅力。教这门课的王明秋老师通过生动的案例分析和模拟操作，让她深刻理解了商业运作的原理和技巧。有一次，在模拟谈判中，周顶紧张地面对着"对手"，她的心跳加速，手心冒汗。但是，在王老师的鼓励和指导下，她逐渐稳定了情绪，用所学知识巧妙地应对了对方的攻势，最终成功地完成了模拟谈判。这次经历让周顶更加坚定了自己在商业领域发展的决心。

在学习过程中，周顶特别感激她的班主任范立老师。范老师不仅在教学上严谨认真，还十分关心学生的成长。他经常找周顶谈心，了解她的学习和生活情况，并给予她很多宝贵的人生建议。有一次，周顶因为一次考试失利而心情低落，范老师得知后，特意找到她谈心。他鼓励周顶要敢于面对失败，从失败中吸取教训，不断进步。在范老师的鼓励下，周顶重新找回了自信，并更加努力地投入学习中。

三年的时光如白驹过隙，1994年7月，周顶以优异的成绩顺利毕业，并得到了学校的推荐。在毕业典礼上，范老师走到周顶面前，轻轻拍了拍她的肩膀，微笑着说："周顶，你做得很好，我为你感到骄傲。未来的路还很长，我相信你一定能走得更远。"听到这句话，周顶的眼眶不禁湿润了，她深深地鞠了一躬，向范老师表达了自己的感激之情。

带着对母校的深深眷恋和对未来的无限憧憬，周顶带编入职了湖南五一文实业股份有限公司，开始了她崭新的职业生涯。她深知，这只是一个新的起点，她将继续努力，不断追求自己的梦想。

在公司的几年里，她见证了公司的辉煌。随着公司的上市，她也为自己制定了清晰的职业生涯规划，期待在这个平台上实现自己的价值。然而，世事难料，2000年，公司被创智科技收购，人事大变动，她被迫成了下岗工人。面对突如其来的失业，她感到了前所未有的迷茫和压力。

创业之路

为了生活，周顶尝试过多份工作，但无论在哪个领域，都感到难以找到真正属于自己的位置。转机出现在 2008 年，一次偶然的机会，她接触到了招投标领域。当时，她临时参与了一个大型项目的招投标前期准备工作。在这个过程中，她对招投标产生了浓厚的兴趣，并且意识到自己在商业系统的工作经验可以为她在这个新领域提供有力的支持。于是，她毅然转行，开始涉足招投标代理服务领域，并决定创立自己的公司。

在创业初期，周顶面临着巨大的挑战。招投标流程对她来说是一个全新的领域，海量的信息和复杂的文件让她手足无措。但她深知这是一个难得的机会，不能放弃。于是，周顶利用业余时间，查阅了大量资料，并请教行业内的前辈，逐渐对招投标有了深入的了解。为了节省成本，她租用小民房作为办公室，仅招聘了一名员工，并亲自处理各项事务。由于缺乏经验，她经常需要加班，有时甚至连续数周吃住在办公室。但正是这份坚持和努力，让她逐渐在招投标领域站稳了脚跟。

在招投标工作中，周顶遭遇过无数的挑战和困难。有一次，在交易中心开标时，由于业务能力还不够熟练，她遇到了很多问题。面对甲方和评审方投来的质疑眼光，她感到了前所未有的尴尬和压力。当时，她恨不得找条地缝钻进去，招标结果也可想而知。招标结束后，她还需要将几十斤的标书从交易中心带回公司。途中遇到大雨，她为了保护标书，全身湿透也毫不在意。那一天，她体会到了创业的艰辛和不易，但也更加坚定了她的信念和决心。她坚信自己的选择是正确的，决心用实际行动证明自己。

为了提升自己的业务能力，周顶加倍努力。除了白天风雨无阻地跑项目外，晚上稍有时间就开始学习政府采购专业相关知识。她深知自己还有很多不足和需要改进的地方，所以不断地学习和实践，努力提升自己的专业素养和综合能力。

正是这份坚韧和毅力，周顶的公司在招投标代理服务领域逐渐崭露头角。他们成功地为多家企业赢得了重要的项目合同，赢得了客户的信任和尊重。尽管公司已慢慢走上正轨，但更多的挑战也随之而来。随着公司业务的不断拓展和市场竞争的加剧,她需要面对更加复杂和激烈的竞争环境。她不断提升自己的专业素养和综合能力,以应对各种复杂的招投标项目和客户需求。她遇到过许多困难和挫折,但从未放弃过自己的梦想和追求。她坚信,只要付出足够的努力和汗水,就一定能够取得成功。

通过她的不懈努力,公司在招投标代理服务的口碑越来越好。周顶和她的团队成功地为多家企业赢得了重要的项目合同,赢得了客户的信任和尊重。同时,公司规模也逐渐扩大,她也逐渐形成了自己独特的工作风格和理念。她注重细节和执行力,力求在每个环节都做到尽善尽美;她注重团队合作和沟通协作,与同事和客户建立了良好的合作关系;她注重创新和改进,不断探索新的服务模式和业务领域。他们服务的单位也越来越多,包括长沙学院、长沙市机关事务管理局、长沙市岳麓区教育局、长沙市城市管理和综合执法局、长沙市公安局、湘江新区管理委员会行政执法局等。

今天,当周顶回顾自己的创业历程时,她深感庆幸和自豪。她庆幸自己能够抓住机遇,勇敢地走出舒适区,挑战自我;她自豪自己能够坚持不懈地努力和学习,不断提升自己的能力和水平。同时,周顶也要感谢他的母校——长沙市电子工业学校,在那里,她度过了美好又难忘的学习时光。学校一直秉承的"文行忠信"的校训,以及"德育为先、人格为本、理实并重、技能精湛"的教学理念,致力于培养技能型人才。正是这些,使她在学校里学习到的知识和技能,为她通往社会之路做好了铺垫,让她在商业职场上有了用武之地。还有她的班主任范立老师,在她迷茫的青春岁月里,给予了她很好的人生指引。她感谢在学校里遇到的每一位老师,是他们给了她人生的指引和支持,让她在求学和创业的道路上少走了很多弯路。

✦ 祝福母校

在母校迎来 110 周年校庆暨职业教育开办 40 年之际,我衷心祝愿母校能继续砥砺前行,为社会输送更多优秀人才,创造更加辉煌的明天!同时,我也深深祈愿母校的老师们身体健康,工作顺利,继续为学子们指引方向,点亮他们的人生道路。

寄语学子

　　我想说："机遇总是留给那些有准备的人。我真诚地希望长沙市电子工业学校的学弟学妹们能够珍惜现在的每一刻，努力学习，勇敢追求自己的梦想。美好的未来一定属于你们！"

26

跨界追梦者的创业之路

🔊 电子小档案

周攀，男，湖南望城人，毕业于长沙市电子工业学校 2000(1)班，班主任将艺老师。佛山市优梵装饰设计有限公司创始人，现任佛山市优梵装饰设计有限公司法定代表人。

在星辰璀璨的天际，每一位追梦者都是独特的舞者，用脚步书写着属于自己的传奇。周攀，这位从湖南小城走出的青年，便是这样一位跨界追梦者。他曾在电子技术的海洋中遨游，探寻科技的奥秘；如今，他又在设计的世界里挥洒自如，用创意点亮生活。他的创业之路，如同一段优美的舞蹈，充满了激情与活力，每一步都留下了深深的印记。

梦想起航：长沙市电子工业学校的探索之旅

在 2000 年 9 月这个世纪更迭的节点，周攀怀揣着对梦想的无限憧憬，踏入了长沙市电子工业学校，荣幸地成为 2000(1)班的一员。那一刻，他仿佛看到了自己与未来科技交织的辉煌未来。电子技术，这个充满无限可能的领域，像一块巨大的磁石，牢牢地吸引着他。

每当晨曦微露，教室中便迎来了一位早起的学子——周攀。他总是早早地坐在座位上，翻开那本厚重的《电工基础》，伴随着清晨的第一缕阳光，开始他的学习旅程。每当他遇到难题时，他的班主任老师总是及时出现在他的身边。而他的班主任蒋艺老师，不仅是班级的领路人，也是专业知识的明灯。

有一次，周攀对着一个复杂的电路图苦思冥想，却始终无法理解其中的工作原理。蒋老师走过来，轻轻地问："周攀，是不是这个地方让你困惑?"她指着电路图中的一个关键部分。

周攀点点头，有些沮丧地说："是的，老师，我总是搞不清楚这部分是怎么工作的。"

蒋老师微笑着坐下，开始用她独特的方式解释这个问题。她拿起一支笔，在纸上画了一个简化的电路图，并用生动的比喻帮助周攀理解电流是如何流动的，各个元件是如何相互作用的。在她的解释下，周攀逐渐明白了电路的工作原理，周攀的脸上也露出了恍然大悟的表情。

除了课堂学习，周攀对实验室的实践活动也充满了热情。有一次，在电子制作比赛中，他和队友们一起搭建了一个复杂的电路项目。在调试过程中，他们遇到了一个难题：电路中的某个部分始终无法正常工作。

周攀和队友们围在一起，讨论着可能的解决方案。他们尝试了各种方法，却始终无法解决问题。就在这时，蒋老师走进了实验室。她看到周攀和队友们围在一起讨论，便走过来询问情况。

在了解了问题后，蒋老师给出了一些建议，并鼓励他们继续尝试。在蒋老师的指导下，周攀和队友们终于找到了问题的根源，并成功解决了它。这次经历让周攀深刻体会到了将理论知识转化为实践成果的重要性。

而在学习计算机方面的课程时，周攀也遇到了不少挑战。粟婷老师的"Office"课程让他对办公软件有了更深入的了解，但在学习陈敏安老师的"C语言"课程时，他却遇到了一些困难。复杂的编程逻辑和语法规则让他感到有些力不从心。幸运的是，陈老师总是耐心地解答他的每一个疑问。每次课后，周攀带着一堆问题找陈老师求助，陈老师不仅逐一解答他的困惑，还通过简单易懂的示例帮助他理解"C语言"中的难点。在陈老师的悉心指导下，周攀逐渐掌握了"C语言"的基础知识，并开始尝试编写一些简单的程序。

周攀深知，一个人能力的培养，不能局限于仅仅掌握专业知识方面。所以，除了在学习上努力进取，周攀还积极参与学生会的各项工作。有一次，学生会决定举办一场校园文化节活动。作为活动负责人之一，周攀带领团队开始了紧张的筹备工作。从策划方案到场地布置，再到邀请嘉宾和宣传推广，每一个环节他都倾注了极大的热情和努力。

在活动举办前夕，周攀和团队成员们彻夜未眠，确保每一个细节都准备妥当。最终，在他们的共同努力下，这场校园文化节活动取得了圆满成功。这次经历不仅锻炼了周攀的组织协调能力，也让他收获了满满的成就感。

周攀十分珍视在学校的每一个时刻，因为他知道，这些时光将成为他人生中最宝贵的财富，它们将伴随他走过漫长的人生旅程，成为他永远的精神支撑。

在忙碌的学习和活动之余，周攀总会带着笔记本和几本书，找一个安静的角落坐下，沉浸在知识的海洋中。从专业书籍到文学作品，从科技前沿到人生哲理，他都一一涉猎。

有一次，在阅读一本关于科技前沿的书籍时，他对其中一个技术难题产生了浓厚的兴趣。他便利用课余时间深入研究这个问题，并尝试提出自己的解决方案。最终，在蒋老师的指导下，他成功地将这个方案转化为一个实用的电子项目，并在学校的科技展上展示了出来。这个项目不仅赢得了师生们的一致好评，也让周攀对自己的专业能力更加自信。而且广泛的阅读也让他开拓了视野，让他学会了思考。

设计之路：从电子到艺术的华丽转身

周攀原本以为自己的人生轨迹会沿着电子专业的道路一直前行，但是，高考给了他一个全新的选择。2007年，周攀高考后选择环境艺术设计专业。在这个全新的领域里，他发现了设计的魅力。从空间设计到室内设计，从色彩搭配到材料选择，每一个细节都让他着迷。他努力学习专业知识，不断提升自己的设计水平。他参与各种设计课程的学习，从理论到实践，不断挑战自己。每一次的设计作业，他都投入极大的热情和精力，力求做到最好。同时，他也积极参与各种设计比赛和实践活动，与同学们共同探讨设计理念和创新方法。

在实践中，周攀逐渐形成了自己的设计风格。他痴迷于将现代元素的锐利与传统元素的深邃交织在一起，就像是在一张空白的画布上，用细腻的笔触和鲜艳的色彩，描绘出一幅充满和谐与平衡的艺术品。他深知，设计的魅力往往藏匿于那些看似微不足道的细节之中。因此，他对于每一个线条的流畅、每一个色彩的搭配、每一个布局的合理性，都投入了近乎痴迷的专注。他用心灵去触摸每一个细节，让它们在他的作品中散发出独特的光芒，就像繁星点点的夜空，令人陶醉，难以忘怀。

每一次的挑战，都是对他设计能力的考验。他曾在无数个夜晚，独自在实验室中挥洒汗水，与困难搏斗，与时间赛跑。那些彻夜难眠的日子，那些反复推敲的过程，都成为他成长的催化剂，让他在设计的道路上更加坚定、更加自信。

当周攀看到自己的设计作品在展览中熠熠生辉，赢得观众们的赞叹和掌声时，他心中的喜悦和自豪无以言表。那一刻，他深深地感受到了设计的力量和魅力，也更加坚定了他继续前行的信念。

他的设计风格，不仅是对美的追求，也是对生活的热爱。他坚信，他的设计可以为世界带来更多的美好与惊喜，让人们感受到生活的无限可能和魅力。因此，他将继续在这条道路上砥砺前行，用他的设计，点亮世界的每一个角落。

回首过去，从电子专业到环境艺术设计专业，他的人生轨迹虽然发生了转变，但这些转变并没有让他改变自己的梦想和追求。他坚信，只要保持对学习的热爱和追求，不断提升自己的专业素养和综合能力，他就能够在专业领域取得更大的成就。

毕业后，周攀曾在不同领域工作过，但总觉得缺少些什么。直到他进入广州的一家设计公司工作，并因项目合作的机会来到龙江，从此走上了家具空间设计的道路。这里丰富的家具产业资源和良好的产业环境让他看到了巨大的发展潜力。他深入了解了家具产业的各个环节，并尝试将自己的设计理念与市场需求相结合。在龙江，他不断挑战自己、超越自己，逐渐在家具设计界崭露头角。

优梵之光：龙江家具设计界的璀璨新星

2015 年，周攀萌生了创立自己的设计公司的想法。经过一年的筹备和规划，2016 年 5 月，他在龙江正式成立了佛山市优梵装饰设计有限公司。那一刻，他仿佛看到了自己的梦想照进现实。他带领团队致力于为家具企业提供专业的商业空间设计服务，从展厅到家具展会，从专卖店到办公室，他们都倾注了全部的心血和热情。他们不断创新、追求卓越，为客户提供最优质的服务和作品。

在创业的过程中，周攀遇到了许多挑战和困难，但正是这些挑战让他更加坚定了自己的信念和决心。他带领团队不断整合优势资源，打通家具设计产业链的各个环节。他们整合了家具产品、空间设计、软装陈设、家居配色、装修材料等方面的资源，为客户提供全方位的设计服务。这些努力不仅提升了他们的设计水平和服务质量，也为客户带来了更多的附加值。

2019 年，当广东家居设计谷项目在龙江启动建设时，周攀毫不犹豫地带领团队加入其中。在这个过程中，他深刻体会到了团队合作的力量和创新的魅力。他们共同探讨设计理念，分享创新经验，共同攻克技术难题。这些经历不仅让他收获了宝贵的经验，也让他更加坚定了自己在设计领域的追求和热爱。他们与众多优秀的设计企业一起，共同推动龙江家具产业的转型升级和创新发展。

回首过去的岁月，周攀的心中不禁泛起阵阵涟漪。他为自己每一步坚定的足迹，每一滴辛勤的汗水，鼓掌喝彩。正是因为那些不懈的努力和坚定的信念，他才得以站在今天的舞台上，熠熠生辉。

展望未来，他怀揣着最初的梦想，如同航船坚守着罗盘，不断向前。他深知，只有不断提升自己的专业素养和综合能力，才能在这浩瀚的知识海洋中破浪前行。他会以更加饱满的热情，更加坚定的意志，去迎接每一个挑战，去攀登每一个高峰。

✦ 祝福母校

长沙市电子工业学校，对我来说是我梦想的摇篮，也是我人生旅途中最亮的指引灯。在这所充满智慧和温暖的校园里，我收获了宝贵的知识，结交了深厚的友谊，也经历了无数的成长和蜕变。如今，虽然我已离开母校，但母校给予我的一切，都深深烙印在我的心间。

我衷心祝愿母校能够继续培养更多优秀的学子，桃李满天下，人才辈出。愿母校的教育事业蒸蒸日上，书写更加辉煌的篇章。同时，我也祈愿母校的未来更加美好，为更多的学弟学妹们点亮前行的道路，让他们在知识的海洋中畅游，追寻属于自己的梦想。

寄语学子

我要对还在母校学习的学弟学妹们说：保持对学习的热爱和追求，不断提升自己的专业素养和综合能力。要有坚定的信念和不懈的努力，因为未来的道路虽然充满挑战，但只要勇往直前，就一定能够创造出属于你们自己的精彩世界。加油，美好的未来属于你们！

27

永远相信美好的事情即将发生

🔊 **电子小档案**

周耀湘，男，湖南望城人，2005 年毕业于长沙市电子工业学校电子技术应用专业 221 班，班主任邹智敏老师。现任深圳芯耀阳科技有限公司总经理。深圳芯耀阳科技有限公司是一家集研发、销售、生产于一体的国家高新技术企业。

于岁月流转中感念恩师

2005 年 8 月 23 日，周耀湘坐上从长沙出发南下广东的火车，在离开长沙的前一天晚上，他安安静静地坐在长沙市电子工业学校门口，久久不愿离去。学校留下了太多美好回忆，回想三年往事历历在目。从艰苦的军训生活到第一次领课本的兴奋，从学习最基础的专业理论知识到能完整地画出一张电视机原理图，从最开始学习用电烙铁和万用表到第一次动手焊接调试出一台完整的收音机，三年的专业知识学习，为他进入社会生存立足打下了坚实的基础。

不仅专业知识精进，老师们的为人处世、敬业精神、人格魅力无一不在影响着周耀湘，为他的心灵提供源源不断的精神食粮。班主任邹智敏老师温婉恬静、乐观豁达。无论任何时候见到她，永远面带微笑，处事有条不紊、井井有条。三年时间从没见邹老师指责谩骂过任何一个同学，遇到学生之间有矛盾冲突，邹老师永远能清晰地分析出同学们的错误，让同学们心服口服。她给人的感觉如同教学楼前盛开的玉兰花般挺立俊秀、清雅高洁。张学龙老师就是另一番截然不同的感觉了，课间偶尔穿插的一些话题，给人的感觉是思维大胆激进，个别虎狼之词能让课堂炸锅。多年以后再回想，张老师的话却是字字珠玑、经世致用。如果有同学能完全理解张老师的虎狼之词，那他进入社会的生存能力、适应能力会远比同龄人要强。邹新艳老师经常挂在嘴边的是态度决定命运、细节决定成败。邹老师是这么说的，也是这么做的。她知行合一、言传身教，她会不厌其烦地反复给学生们灌输无论做什么都要追求极致，永远追求做更优秀的自己。老师们的言行如同一面镜子，学生们会在这面镜子中找到自己的不足，找出值得自己学习和模仿的内容，不断调整自己、重塑自己，让自己变得越来越优秀。感谢命运的安排，此生能有幸遇到一众优秀的师长，能在这所优秀的学校求学。

于拼搏奋斗中得见征途

周耀湘进入社会的第一份工作是在一家台资企业做普工，这家工厂是做台式电脑主机箱的，他被分配到烤漆线。主要工作是守在烤漆房门口，把经过烤漆加工的金属外壳从烤漆线转移到品检线。这是一份辛苦的工作，全年任何时候都是极热的，只要靠近工位，就能感受到全身都被热浪包裹，整个人呼吸变得困难，仿佛每吸进一口空气都能把肺灼伤。工作半小时汗水能把全身上下的衣服湿透。这种工作环境，每上一天班都是煎熬，周耀湘无数次想要逃离这个环境，但最终还是坚持了下来。因为在那个时候如果没有特殊的技能，找工作并不是一件容易的事情，通常只有工作挑工人，工人很难有机会挑工作。每当结束一天的辛苦劳作，拖着疲惫的身躯回到宿舍，周耀湘总会安慰自己，这是上天对自己的磨炼，困难是暂时的，后面一切都会好起来。看吧，不管当前的情况多么糟糕，他永远乐观积极，永远相信美好的事情即将发生，这种好的心态一直伴随着他。

尽管工作非常辛苦，周耀湘依然没有中断学习，基本上每月都会去一次图书馆，买一些书回来学习。他相信学习能给他带来成功，持续的学习能给他带来持续的成功。坚持学习的好习惯一直伴随着他。

枯燥且辛苦的日子过了 10 个月，周耀湘觉得是时候改变了，总不可能一直干普工，一辈子待在流水线。他的底气源于工作了 10 个月，口袋里存了少量的钱，短期内基本的生活开销不成问题，更大的底气则源于他对中专三年扎实的专业知识的自信。快速发展的珠三角电子厂如雨后春笋兴起，对电子技术人员的需求肯定也与日俱增。

抱着这个想法，周耀湘毅然辞去了现有的工作，开始寻找新的工作机会，而且目标很明确，一定要从事技术类，不能埋没自己三年所学。于是周耀湘开启了长达三个月的艰难找工作历程。2006 年 7 月，他海量投简历，但凡是在佛山市顺德区范围内，有电子技术员岗位需求的，他都会投简历。在投下海量的简历后，他以为能快速收到面试邀约，结果大失所望，压根就没有面试的通知。偶尔来一电话，确认完没有工作经验后就被婉拒。周耀湘内心很清楚问题所在，企业都是想招聘熟手，不想培养新人。这种状况持续了一个多月，他有点着急了。投简历不行，那就主动出击去扫楼。他跑到电子厂密集的工业园区，一家一家问，一栋楼一栋楼地跑，主动询问是否有用人需求。就这样，过了三个月，他终于迎来转机。他跑到一家做照明灯的工厂询问，刚好工厂在招电子技术员，不过不巧的是研发部经理刚好外出，没有人面试，要求第二天上午10 点再来。这个消息对一个辛苦找了三个月工作的小伙子来说，简直比中了彩票大奖还让人兴奋。看了一下时间还早，他当即坐公交去图书馆买了一本《电子整流器的原理及应用》。从图书馆出来是下午 5 点，一直看到第二天凌晨4 点，周耀湘把整本书全部看完，再试着把原理图和每个功能模块画一遍，顿时信心十足。不得不感慨，他能在几个小时之内基本看懂一本书，完全依赖在学校三年的扎实知识功底。

第二天上午 10 点去到工厂面试，整个面试过程出奇的顺利，考核过程对答如流，周耀湘幸运地成了当天四个面试者中最优秀的一个，也是唯一被录取的一个。被录取后，他满心欢喜地以为后面会一切顺利，哪知道麻烦才刚开始。随后，他被排挤，被百般刁难。周耀湘多方打听，了解了自己莫名被人针对的原因，简单的分析后便有了对策。之后，他用自己的勤劳、坦诚与技术赢得了团队的认可，也在一次次交往中缓和了紧张的关系，澄清了误会，度过了最艰难的试用期。

做了一年多的技术员和助理工程师以后，周耀湘开始思考自己的职业生涯，尽管他当时的薪资是同期同学的三倍以上，但他仍觉得做技术成长空间有限。周耀湘是不安于现状的，他从不自我设限，也愿意为自己的理想拼尽全力。2007年，在机缘巧合之下周耀湘来到深圳学习做业务。刚开始学习做业务的时候，是极具挑战的，新到一个陌生的城市，需要对这个城市尽快做全面的了解，以便开展工作。跨界进入一个新的行业需要快速了解这个行业的全部面貌。周耀湘要尽快熟悉和了解新公司的产品性能，要在尽可能较短时间内完成从技术人员到销售人员角色的转换。尽管一切都很难，但所有的问题都被周耀湘一个个解决，来深圳半年，他成功地完成了职业的转换，成了一名优秀的业务员。

在深圳做了四年业务后，周耀湘的工作出现了瓶颈。他所在的公司围着一条老的产品线做了五年，竞争力持续下降。他多次建议公司引进新的产品线，但都没有被采纳。在经历多轮思想斗争后，他决定自己创业。2012年，周耀湘成立了深圳芯耀阳科技有限公司（2013年正式工商注册）。创业是极其艰辛的，为了节约人工成本，减少财务支出，他一人身兼数职，为了争取订单，通宵熬夜加班赶进度、打地铺睡办公室是常有的事。尽管如此努力拼搏，公司生存状况也很糟糕，毕竟深圳是全中国民营经济最发达、竞争最激烈的城市。不过好在他心态一直很乐观，即使在员工工资都很难支付的时候，他也相信一切美好的事情即将发生，而且他愿意做各种尝试，愿意付出。时间来到2014年7月，当时市面上有一款蓝牙自拍器卖火了，周耀湘敏锐地嗅到商机，经过简单的市场调研以后，他决定研发销售蓝牙自拍器主板。可他面临的问题也让人头大：没有客户资源，做出来的产品不知道要卖给谁，没有足够的资金订购原材料，当然最头痛的是芯片供应极紧张。一般人遇到这种情况可能立马打退堂鼓了，可周耀湘不是轻言放弃的人。他挑选了几个做自拍器的工厂深入沟通了一遍，发现所有的工厂都不能拿到足够多的主板，且订单的交期需要7天以上，工厂都迫切需要拿到更多的主板，将主板的订货周期缩短。了解完这个情况，他马上召集公司成员开会，采用新的生产出货流程，缩短订单交付时间。优化订单交期的核心是研发了一款全新的擦写程序的工具，这个工具能让他公司订单的交付时间由 7 天变成 1 天，订单交期的缩短让公司迅速抢到订单，同时也让公司的资金周转率大幅度提升，竞争对手需要花 70 万元才能做的事他只需要花 10 万元就能做到。周耀湘为什么能想到研发这款擦写工具呢？因为他是电子专业毕业生，他带领工程师做了一个简单的一加一大于二的技术组合创新。就是这个技术创新让他在短短两个月时间内锁定大量订单，赚到人生中的第一个 100 万元。知识就是力量，在特定的条件下，知识是你战胜对手的核武器。在后面经营公司的日子里，周耀湘还有很多凭借技术创新超越对手的故事，也有很多依靠自己的专业知识做正确抉择的事例，这里不再絮絮不休。

✦ 祝福母校

感谢母校的栽培恩泽，愿母校积历史之厚蕴，宏图大展，再谱华章！

✦ 寄语学子

希望所有学弟学妹珍惜在学校的每一天，知识是无价的，它是潜在的力量，灵活运用它，一定能助你成功。明确自己想要的是什么，自己的奋斗目标是什么，并采取积极的行动。永远不要抱怨环境糟糕，积极的心态才有积极的人生，永远相信美好的事情即将发生。

第二篇章

技能点亮人生

内 容 导 读

在"技能点亮人生"的辉煌篇章中，我们聚焦数位非凡校友的璀璨轨迹，他们凭借对专业技能的深耕细作与不懈奋斗，不仅仅铸就了个人梦想的辉煌殿堂，更实现了社会价值与个人成就的华美交响！这些故事，宛如一颗颗璀璨的星辰，不仅仅照亮了个人成长的征途，更是对长沙市电子工业学校卓越教育成果的生动诠释，共同织就了一幅"技能点亮人生"的宏伟画卷，其绚烂之姿，令人叹为观止。

他们以专业技能为翼，以不懈奋斗为帆，不仅跨越了自我设定的界限，更在社会的广阔舞台上留下了深刻的足迹。这不仅仅是关于成功的叙事，更是关于勇气、坚持与创新的赞歌。他们用实际行动向世界宣告：专业技能的学习与实践，是解锁人生无限可能的金钥匙；而持续的努力与不屈不挠的精神，则是跨越重重挑战，抵达成功彼岸的坚固桥梁。尤为重要的是，他们展现了勇于创新、敢于挑战自我的非凡魄力，这正是实现个人价值、攀登人生巅峰的关键密码。

在此，让我们以这些杰出的校友为灯塔，汲取他们光芒万丈的精神力量。让我们不忘初心，砥砺前行，在追求卓越的道路上永不止步，勇攀科技的高峰，共同书写属于自己的"技能点亮人生"的传奇篇章！

28

锐意进取，奋楫笃行

🔊 电子小档案

　　刘菊玲，女，湖南长沙人，1990 年毕业于长沙市电子电器职业中专学校（今长沙市电子工业学校）的电子电器专业电 6 班，班主任盛季球老师。本科毕业于计算机科学与技术专业。现任湖南腾发微电子有限公司（以下简称腾发）副总经理，负责公司的运营管理。腾发是一家致力于"能源管理与能源物联网（E-IOT）"的芯片以及行业解决方案的提供商，主要产品是以 RISC-V 和 ARM 两种 CPU 架构为核心的数字控制芯片，PLC 和 Sub-1GHz 两种通信连接芯片，并为能源计量与管理、高级计量架构（AMI）、智能家居、智能楼宇、远程监控等行业提供设计方案。

在长沙市电子电器职业中专学校的校园里，有一名学子叫刘菊玲，她用自己的勤奋和执着，书写了一段充满挑战与成长的青春篇章。时光荏苒，刘菊玲回忆起那段难忘的学习生涯，感慨万分。

校园篇章里的良师益友

在长沙市电子电器职业中专学校读书期间，刘菊玲最难忘的一件事是参加学校举办的电子制作大赛。当时，她和几位志同道合的同学组成了一个团队，决心要在比赛中展现自己的才华。他们日夜奋战，不断调试电路，优化制作方案。终于，在比赛当天，他们的作品以良好的性能赢得了评委的一致好评。他们的作品虽然不是最出色的，但他们的努力和坚持赢得了老师和同学们的认可。这次经历让刘菊玲深刻体会到了团队合作的重要性，也锻炼了她的实践能力和创新思维。通过这次电子制作大赛，让刘菊玲认识了一位特别令她难忘的好老师——赵一立老师。赵老师是一位经验丰富的电子电器专家，他严谨的教学态度和深厚的专业知识深深地影响了刘菊玲。在赵老师的指导下，刘菊玲不仅仅学到了专业知识，更重要的是学会了如何面对困难和挑战。赵老师常常鼓励他们要有勇气尝试新事物，要敢于突破自我。正是这样的教诲，让刘菊玲在未来的职业生涯中能够勇往直前，不断创新。

在这里，刘菊玲还遇到了另一位让她难以忘怀的人，那就是她的班主任盛季球老师。盛老师不仅在教学上严谨认真，还在生活中给予了她无微不至的关怀。曾经，刘菊玲因为家庭原因陷入了困境，一度失去了继续求学的信心。盛老师得知情况后，主动找她谈心，鼓励她勇敢面对困难，还帮助她解决了实际问题。在盛老师的关心和鼓励下，刘菊玲重新找回了信心，顺利完成了学业。这位班主任的言传身教，让刘菊玲学会了感恩和回馈，她深知，正是这位班主任的帮助和支持，让她能够走出困境，走向成功。

刘菊玲还结识了一群志同道合的朋友。他们一起学习、一起玩耍，共同度过了青春时光。其中，有一位叫刘艳红的同学，是刘菊玲的好朋友之一。刘艳红性格开朗、乐于助人，总是能在关键时刻给予刘菊玲支持和鼓励。有一次，刘菊玲在收音机调试实验中遇到了一个难题，正当她焦头烂额丧失信心之际，刘艳红主动伸出了援手。她耐心地开导，帮助刘菊玲分析问题，在刘艳红的帮助下，刘菊玲顺利地解决了问题，也收获了宝贵的友情。

刘菊玲在长沙市电子电器职业中专学校的日子，充满了挑战和机遇，也留下了许多难忘的回忆。这些回忆不仅让她学到了专业知识，更让她学会了如何面对生活的起起伏伏。在这里，她收获了友情、成长，也为自己的人生奠定了坚实的基础。

踏入职场后的挑战与成长

1990 年 7 月，刘菊玲秉承着"文行忠信"的校训，满怀着梦想和热情踏入了职场的大门，入职中国民主促进会长沙民进科技服务部。作为一名新员工，她一头扎进了繁忙的生产线，虚心向老同事请教，刻苦钻研业务知识，很快便掌握了生产技能。当时，生产线突发故障，眼看交货日期临近，同事们焦头烂额。刘菊玲迎难而上，主动挑起重担，加班加点进行分析和排查，最终成功排查出故障，保证了生产线的顺利运行。这次经历让她赢得了同事们的尊重和信任，也让她对自己的职业生涯充满了信心。

1994 年 11 月，刘菊玲再次扬帆起航，入职威胜集团有限公司(以下简称威胜集团)。她从一线技术员做起，先后从事工艺工程师、硬件开发工程师、技术总监助理、总经理助理、质量总监助理、总裁助理等多种岗位。回首在威胜集团 28 年的工作经历，让她感慨万分，经过无数坎坷和磨难，熬过数不清的夜。还记得在刚调到硬件开发工程师岗位时，她面临着非常大的挑战，只读过三年中职的她面对这个岗位感到非常迷茫，但这种迷茫是短暂的，她迅速调整思路，迎接挑战。那段时间的她除了上卫生间和吃饭，整天都坐在电脑前画图布板、焊接样机、调试再修板。在同事的热心指导下，三个月后她终于完成了第一款双回路单相智能电能表的开发，该产品在市场上也收获了良好的业绩。三个月下来，刘菊玲的眼睛也变成了"熊猫眼"，以至于看到马路上的井盖都以为是印制电子板上的"过孔"。刘菊玲就是用这种不畏艰难、努力刻苦的精神战胜了自己，她的能力再次得到了公司领导的认可，她被提拔为技术总监助理。通过这次挑战，她也深深明白，要想在竞争激烈的职场中立足，不仅需要不懈的拼搏精神，还需要过硬的专业技术，只有不断学习，才能不断进步。她先后利用业余时间进行深造，历经成人高考并经过几年的努力，获得了计算机科学与技术专业的本科学历。2008 年到 2009 年，她又参加了清华大学研发项目管理高级研修班，完成了 260 学时课程的学习和考核。多年的自学、培训、与他人交流和研讨，丰富了她的学识水平，让她朝着更高水平迈进。

2022年4月，刘菊玲二次"创业"，入职于湖南腾发微电子有限公司，担任副总经理职务。在这个岗位上，她需要接受更多的挑战，不仅要关注运营生产，还要负责公司的战略规划和市场拓展。面对激烈的市场竞争，她需要不断深入研究市场需求，带领团队不断创新产品和服务。该公司于2022年3月23日注册成立，在她的推动带领下，公司业绩稳步提升，市场份额不断扩大。刘菊玲用她的智慧和勇气，为公司开创了一个崭新的未来。

自1990年从长沙市电子电器职业中专学校毕业以来，历经34年的升学深造和职场打拼，刘菊玲一路遇到过许多困难和挫折。然而，她始终保持着积极的态度和坚定的信念，勇敢地面对每一个挑战。她的努力得到了回报，也获得了非常多的荣誉。在硬件开发过程中，由她主导设计的DDSD101-5V2.0产品取得了欧洲KAMA认证。她参与的RS-485通信接口保护电路的设计和调试，获得《RS-485通信接口保护电路》实用新型专利。由她主导设计的单相表计量回路的精度补偿，获得了《用于电子电能表计量芯片的输入电路》实用新型专利。这两项专利在产品上得到应用，均取得了良好的经济效益。她参与了单相电子式多功能电能表、DDSY102单相电子式预付费电能表、DDSI102单相电子式载波电能表的开发和管理，这三个系列产品均获得新产品新技术鉴定，产品整体性能达到国内领先水平。在从事技术管理过程中，她负责MES系统融合和提升，组建了单相FCT工装平台，主导了单相表校表方案自动匹配项目和单相表自动调设系统项目，获得威胜集团创新成果奖，并获威胜集团创新基金2012年度优秀组织者奖。在负责运营管理过程中，她主导的"基于威胜信息轻资产质量管理模式下的体系构建及优化改进项目"获威胜控股创新创业基金创新项目一等奖。她主导的"工程实施业务流程优化创新"获威胜控股创新创业基金创新项目三等奖。2017年，刘菊玲作为中国质量认证中心考核通过的低压成套企业技术负责人，参与公司低压成套产品设计和生产制造的项目管理和质量过程管理，制订相关产品设计质量控制和制程质量控制的计划，从产品立项、研发、小试到归档、批量生产全程跟踪，协调各相关部门处理各个阶段出现的问题，保证产品顺利投产并高品质交付。此外，由她负责的低压成套系列产品使公司业务得到了很好的发展，其中配电箱产品成功入围中国铁塔集团招标采购项目，累计实现销售额超过8000万元，产品覆盖湖南、湖北、江苏等多个地区。

在"创业"的道路上，多年来刘菊玲一直积极参与和组织社会公益活动，回馈社会。她积极参与公益活动，10年来主导"同心桂东 公益助学"等公益活动，多次被桂东县统战部、桂东县教育基金会评为爱心使者并颁发荣誉证书，被长沙高新区评为2021年度学雷锋最美志愿者。

回顾刘菊玲的奋斗历程，我们不难发现，她始终坚守着对梦想的执着追求，勇敢面对各种困难和挑战。她的成功，既是对个人努力的最好回报，也是对长沙市电子工业学校教育成果的最好证明。她的故事，激励着无数后来者勇往直前，为实现自己的梦想而努力奋斗。

在长沙市电子工业学校110周年校庆之际，我们为刘菊玲女士的杰出成就感到自豪，也对她的坚韧不拔和无私奉献精神感到敬佩。她是我们学校的骄傲，也是所有长沙市电子工业学校人的榜样。我们期待着在未来的日子里，能够涌现出更多像刘菊玲一样优秀的校友，共同书写学校更加辉煌的历史篇章。

✦ 祝福母校

对于每一位曾经踏入校门的学子来说，在长沙市电子工业学校学习的日子是一份珍贵的回忆，我们怀揣着对专业的热爱和对母校的深情，为技艺的精进而努力，为校园的繁荣而祝福。愿母校110周年校庆圆满成功，百年校风永留！

✦ 寄语学子

昔日电子学子，今朝社会栋梁。祝贺母校110周年校庆，愿在校学弟学妹们不忘初心，砥砺前行，勇攀科技高峰，为电子工业的发展贡献自己的力量。

29

逐梦无线　感恩母校

🔊 电子小档案

　　黎韧坚，男，湖南长沙人，2005年毕业于长沙电子技术学校(今长沙市电子工业学校)2002(5)班，班主任舒广，现为深圳市增长点科技有限公司股东、公司法人代表。深圳市增长点科技有限公司成立于广东省深圳市，是一家专业研发、生产、销售音频类和能源类产品的国家高新技术企业及专精特新企业。其产品广泛应用于军事、消防、警用和公共安全等领域，销售业务已覆盖海内外70多个国家和地区。

　　"骐骥一跃，不能十步。驽马十驾，功在不舍。"从没有考上高中的"落榜生"，到合资企业基层员工，再到南下深圳打拼成为企业副总经理，一晃已近20年。在这20年里，他不甘平庸，一步一个脚印地成长奋斗，力争领先业界，将工作变成事业。他没有骐骥的天赋，不能一跃十步，但他有着驽马的坚持，厚积薄发，终于赶上骐骥的步伐。他就是深圳市增长点科技有限公司股东黎韧坚。

曲折求学　厚积薄发

在长沙电子技术学校的那些日子，是黎韧坚人生中最难忘的时光。他还记得刚入学时，自己对电子世界的无限好奇和对未来职业的憧憬。在这里，他遇到了许多影响他一生的老师和同学。

想起当年往事，他不禁落下泪来，因为在入读长沙电子技术学校前，遇到了太多的困难和曲折。在他八岁那年，家里发生了变故，母亲离开了人世，他与还算健朗的父亲和大两岁的哥哥相依为命。他们靠着家里仅有的一亩三分地，种着靠天吃饭的一季又一季的蔬菜来维持生活，这就是家里的所有经济来源。因体验过生活的艰辛，从小父亲就不停地叮嘱他，一定要努力学习，只要能考得上，高中，大学，甚至研究生……不论家庭条件多困难，哪怕是借钱，甚至讨米都会想办法供他继续上学。而父亲也对他说过："假若你没有考上高中，我是没有能力像有些条件好的家庭那样，去找关系甚至花钱继续供你读高中的。如果真的考不上，那就只能跟我在家里帮忙种地了。"

然而到了中考那年，成绩出来后，他并没有考出理想的成绩，离高中的录取分数还差一些。哥哥前两年考上了大学，还在求学中。家里的经济负担已经把父亲压得喘不过气来，这样的家庭状况是很难供两个孩子同时上学的，想起父亲曾经说过的那些话，他知道，自己的求学生涯应该就此结束了，心底也默默接受了这个现实。

黎韧坚清晰地记得，中考结束的那个夏天，天气特别炎热，他每天起早贪黑地跟着父亲在庄稼地里干着农活，不论是天晴还是下雨，做着仿佛永远也忙不完的农活。正值农忙季节，尽管皮肤被烈日暴晒得黝黑，每天睡眠时间不到六个小时，可能是因为年轻，好像还不知道什么是辛苦。

就这样，时间一天一天慢悠悠地过着，好像每天都是重复的，他仍旧像往常一样和父亲忙碌在地里田间做着农活。到了中午吃饭时间，邮递员匆匆赶来家中，对着父亲说，有你儿子的一封信，说完把信件递给了父亲。由于父亲不识字，便把信件轻轻地递给了他，让他看看是什么信件。

他接过信件，小心翼翼地打开信封，映入眼帘的是长沙电子技术学校招生录取通知书，录取通知书上招收录取的是电子电器应用与维修专业。这在当时算是一个比较吃香的技术专业了，不仅可以学技术，还可以推荐就业。他把招生录取通知书里的内容大声地读给他父亲听，内心的喜悦无法用言语来形容，脸上挂满了微笑。此时，他注意到了父亲的表情并不像他那样高兴，反而有点凝重。他知道，父亲一定是想到了家庭经济和学费的问题。

过了好一会，父亲询问他是否真的还想继续上学，他吞吞吐吐地回答道想继续上学。说完他便低下了头，不敢再看父亲。为了安慰父亲，也为了缓解父亲的焦虑。他对父亲说，如果地里的这季蔬菜变卖成钱后，足够他的学费，就让他继续上学。父亲看着他，点了点头。

从那天后，他比平时更早地来到庄稼地里，对地里的苋菜精心呵护，看到菜地里的土变干了，就浇水施肥；看到要下雨了，赶紧拿薄膜网盖上；发现蔬菜苗有小菜虫了，又急忙施除虫剂。所有这些精心呵护只有一个目的，就是希望庄稼菜地里的苋菜能够长得更好一点，产量更高一些。因为这关系到他能不能继续上学，他不敢有丝毫的懈怠。就这样过去了半个月，这季苋菜共卖了3855元，刚好够他第一学期的学费。黎韧坚获得了来之不易的求学机会，他暗自告诉自己，一定要努力学习，一定要学有所成，报答父亲为家庭付出的辛苦，不让父亲再为他操心。

为了不错过学校提供的免费培训学习的机会，离学校正式开学还有十天时，也就是8月20日那天，父亲把他送到车站，并语重心长地对他说："坚伢子，到学校后一定要好好学习，不要贪玩，一定要加倍努力，学好这门技术，在学校多注意自己的身体，要按时吃饭。"说完，父亲便离开了车站，他看着父亲离去的背影，泪水夺眶而出，一方面是舍不得父亲，另一方面他深知，为了让他能够再继续求学，家里的负担将会更重，他一定要好好珍惜这个来之不易的机会，不辜负父亲的期望。

当他踏入长沙电子技术学校的大门时，他被这里优越的教学条件所吸引，学校的师资力量雄厚，各科专业的老师都非常优秀，各种培训和各个技能实验室都很前沿。重返校园后，倍感珍惜。在学习的过程中，他也得到了许多老师的无私帮助和悉心教导。

长沙电子技术学校的三年时光，是他人生中一段宝贵的经历。在这里，他不仅仅学到了无线电方面的专业知识，更收获了成长与感悟。其中，有一件事情至今仍然让他难以忘怀，深深地影响了他，成为他人生道路上的重要里程碑。

记得那是在一年级的下学期，他参与了学校组织的年级电子技能大赛。他和几位志同道合的同学杨志伟、雷德志、文效等组成了一个小组，决定挑战一个难度颇高的项目——设计组装一款简易的无线电调频调幅收音装置。在指导老师的悉心指导下，他们夜以继日地查阅资料、设计方案、制作电路板、调试硬件。虽然过程中遇到了许多困难和挫折，但正是这些挑战让他们更加团结，也让他们更加深入地理解了电子学、无线电的奥秘。最终，他们的作品在比赛中获得了一等奖，这对他来说，不仅仅是对自己能力的肯定，更是对梦想的一次坚定。

在二年级时，他通过努力，刻苦钻研，在班主任舒广老师的正确教导和鼓励下，获得了学校的一等奖学金，这是他的学业生涯中获得的最大荣耀。他最想感谢的是他的班主任——舒广老师。班主任对他的人生道路给予了正确的指引，还常常鼓励他要有敢于挑战的勇气，要有不断创新的精神。舒广老师不仅仅是他的班主任，更是一位资深优秀的教师，他把他的青春无私奉献给了他一批又一批的学生，培养出了一批又一批在不同电子技术领域闪闪发光的佼佼者。黎韧坚也庆幸，自己在最好的青春年华里，遇到了可亲可敬的舒广老师，让他明确了日后工作和奋斗的方向。

锲而不舍　躬耕深圳

转眼就到了 2004 年的实习就业季，学校也履行了入校前的承诺——推荐工作。正值世界 500 强之一的中韩合资企业——乐金 LG 曙光电子集团来到长沙电子技术学校招聘，他经过招聘单位的层层筛选、层层考核，最终被这家梦寐以求的招聘单位选上。由于从小练就了不怕苦不怕累的精神，黎韧坚会尽全力去做好工作中的每一件事情。同岗位的同事需要花 8 个小时完成的工作，他却能在 6 个小时内完成，不仅效率高而且完成的质量还特别好。每次工作时，总会有其他岗位的同事站在他旁边观摩，而他也把工作完成得像一场表演。在入职不到半年的时间里，他多次得到上级领导的公开表扬。在工作之余，他也会到各个部门及岗位上学习。短短的几个月，他就熟悉并掌握了部门内各岗位的工作。

2005 年 7 月，入职一年的他渐渐发现，集团人际关系复杂，员工很难有晋升的机会。虽然当时集团给的薪酬不仅高于长沙市很多职业的平均收入水平，集团的福利还特别好，年底也有丰厚的年终奖，可他却做出了出人意料的决定——离职。集团的同事、家里的亲人都深感困惑，不理解他为何会放弃这样优渥的工作，然而不论家人、朋友如何劝阻，最终他还是按照心底的想法，递交了离职申请，结束了为期一年的实习工作生涯。

离职后，他南下来到了深圳。通过在学校学习到的无线电通信的理论知识及在实习岗位上获得的工作技能，他幸运地加入了深圳市增长点科技有限公司。他从一名普通的基层工作者，到技术员、采购员、供应链经理、厂部经理，最后到公司法人代表、公司的副总经理、企业股东，通过他脚踏实地的一步一步的成长奋斗，这一扎根，就将近 20 个年头，深圳市增长点科技有限公司同他一起，从几个人的小作坊发展成为拥有自建工业园区的企业，成为无线通信配件细分领域的佼佼者，获得国家级高新技术企业等荣誉，从年产值几百万元到年产值上亿元的民营企业。

在这成长与奋斗的过程中，他遇到了许多意想不到的困难和挑战。市场竞争激烈、资源匮乏、技术瓶颈……每一个问题都像一座大山压在他的心头。他记得刚开始做采购工作时，互联网还不是很发达，采购方式多为通过传统的熟人介绍或地推式挨个找供应资源，思维局限，不仅效率低，还不一定能找到适宜的材料。2009 年，在他们刚刚涉及音频类领域时，一个土耳其的客户需求一款头戴式战术耳机，产品质量要对标全球最严格的美国军用要求，这个客户不仅对产品的质量要求高，而且对产品的交付周期很严苛。了解到客户需求后，企业上下展开了对产品的研制开发，由于音频类产品的军用标准严苛，对于刚刚由原来的音频贸易模式转变成自制产销的模式的他们而言无疑是一个巨大的挑战。由于音频领域的工作经验不足，企业在整个开发过程中遇到了许多技术难题。那段时间，他与企业的创始人、总经理谢年飞女士，几乎每天都在加班加点地工作，一起查阅资料，跑各种材料批发市场，请教行业专家，与同事反复试验。最终，在团队的共同努力下，他们成功地解决了各种问题，项目在三个月的时间内顺利完成了交付。这次经历不仅让他深刻地认识到团队合作的重要性，也让他更加坚定了自己的信念和决心。他带领团队不断研发新产品，拓展市场，优化服务，经过十多年的努力和发展，他们的企业逐渐在无线通信领域崭露头角。

面对全球经济低迷，出口出现负增长，传统的制造行业产能过剩，企业与企业间的竞争越演越烈，产品的同质化严重等问题，以外销为主的他们，自2017 年国家军民融合政策放开后，抓住了这一政策红利。2019 年，他们首次参与国家某军部项目超低温电池组竞标，在超低温电池组产品开发过程中，他们遭遇了一系列棘手的技术瓶颈和困难。首先，电池组的高能量密度与安全性之间的矛盾是他们面临的主要难题。面对超低温电池组要求的高能量密度，如何在保证安全性的前提下实现更高的能量密度，成为他们亟待解决的问题。此外，超低温电池组的充电速度、循环寿命、热稳定性等性能指标也面临着诸多技术挑战。面对这些技术难题，他与团队紧密合作，不断调试、改进电芯，通宵加班，共同寻找解决方案。在没日没夜的一个多月的奋战后，他们通过优化电池材料、改进电池结构和引入先进的热管理技术，成功提高了超低温电池组的能量密度，并确保了其安全性。经过团队的共同努力和不懈追求，他们攻克技术难题，制作的超低温电池组产品具有高能量密度、高安全性、快速充电、长循环寿命和优异的热稳定性等优点，使得他们的超低温电池组在国家某军部竞标项目中成为一匹黑马，成功入围二标供应单位。

超低温电池组产品的研发之路充满了挑战和困难，但正是这些挑战和困难提升了他们团队的凝聚力和解决问题的能力。他们致力于超低温电池组技术的研发和创新，为客户提供更优质、更安全的超低温电池组产品。黎韧坚相信，在未来的市场竞争中，他们的超低温电池组产品将凭借卓越的性能和品质赢得更多客户的青睐。

祝福母校

回首过去的日子，黎韧坚深深地感到自己的每一步成长都离不开母校的培育和支持。在长沙电子技术学校，他不仅仅学到了专业知识，更学会了如何做人、如何做事。母校严谨的学风、优良的师资、丰富的课外活动都为他提供了广阔的发展空间。因此，他想对母校说："谢谢！感谢您给予我知识的力量，给予我人生的指引，给予我梦想的翅膀。在此，我衷心祝愿母校在未来的日子里越办越好、越办越强！愿母校的教育事业蒸蒸日上，培养出更多优秀的人才！"

寄语学子

希望在校的学弟学妹们能够珍惜时光，努力学习，勇于追求自己的梦想。相信在不久的将来你们一定能够成为国家的栋梁之才！

30

在拼搏与奋进中成长

🔊 电子小档案

　　蒋乐，女，湖南湘阴人，2008 年毕业于长沙市电子工业学校电子技术应用专业 503 班，班主任颜克坪老师。毕业后，她进入了长沙景嘉微电子股份有限公司（以下简称景嘉微），见证了公司从不到 20 人的团队发展成为上千人的国内行业龙头的上市企业。在此期间，她历任采购员、计划专员、生产主管、仓库主管、计划副经理等职位，参与管理并支撑了国家多个重大项目的顺利交付。

　　转眼间，蒋乐已离开母校 17 年，但母校永远铭刻在她心中。

　　她感慨，是母校的培养，才让她有了今天的成绩。

求学路上，恩师相伴

　　在母校的学习生涯中，蒋乐有幸遇到许多优秀的老师，他们用丰富的知识和耐心的教导，让她从一个懵懂无知的少年成长为一个有知识、有思想的青年。蒋乐谈到，首先要感谢的是她进入学校的引路人——蒋丽贞老师。蒋老

师是电子专业的老师，因此也给蒋乐选择了当时最热门的电子专业。那时面对这个专业，她的理解是学成之后当一名维修工，修电视机、洗衣机等。蒋老师告诉她，任何专业都强调对知识的理解和掌握，都注重培养学习的思维，都是为未来的职业发展或进一步深造打下基础。她当即下定决心，一定要跟随老师教学的步伐好好学习。

所有学生在军训完后的第一件事都是想着快点回家，见最亲爱的母亲，而蒋乐因为路途遥远以及家境贫穷无法回家。是蒋老师第一时间邀请她去家里改善伙食，让她深深感受到久违的母爱。蒋老师的家里永远一尘不染，她在忙于照顾孩子的同时，还给蒋乐准备吃、住等事宜，在那里，她感受到了爱和温馨和谐的家庭氛围。也是在蒋老师的家庭生活中，她领悟到了家庭和谐的真谛，那就是用爱、尊重、理解、沟通和包容去精心经营。这些，对她日后经营家庭起到了积极影响。

在她记忆的深处，还有一位恩师始终占据着重要的位置，那就是班主任颜克坪老师。如今她已离去，但她的身影和教诲却永远铭刻在蒋乐的心中。回想起在母校的日子，班主任就像一盏明灯，照亮了同学们前行的道路。她总是以无尽的耐心和关爱，引导同学们成长。她的每一堂课都充满了智慧和热情，让同学们对知识充满了渴望。记得颜老师一直以微笑示人，从不轻易发脾气。有一次学校竞选优秀班干部，按照常规进行大众投票，蒋乐只有寥寥数票。一直以来蒋乐觉得自己尽职尽责，没想到这么多人不认可，那种打击让她无地自容。没想到颜老师直接在讲台上拍起了桌子，从德、智、体、美、劳各方面列举她的成绩。是颜老师在她尊严受挫的第一时间站了出来，给了她鼓励，让她有了克服困难的勇气和信心。直到现在，蒋乐也一直保持初心，踏实勤奋、处事淡然。

蒋丽贞老师、颜克坪老师给了她温暖，林干祥老师打开了她专业领域的大门。仍记得在那年长沙市组织的电子知识竞赛中，林干祥老师精心挑选每一位参赛选手，认真制订详细的培训计划，耐心地为大家讲解每一个知识点，细心地纠正大家的每一处错误。林老师牺牲了自己的休息时间，陪伴大家在实验室一遍又一遍地练习、巩固，让大家在竞赛中不断成长和进步，收获了好的竞赛名次。随后，林老师更第一时间选中大家去研究所，让大家在专业对口的工作中进行了实践。林老师始终激励着大家在知识的海洋中不断探索前进。

需要感恩的老师太多太多了。比如进入校园第一天晚上大家要外出买白鞋，因担忧大家的人身安全以为他们随意外出而对他们进行严肃教育的教导主任陈湘老师，但当陈老师得知原委后立马致歉且又温柔对新生表达了关怀，这让蒋乐明白，人都会有产生误会的时候，但重要的是能够及时认识到错误并勇于改正、迅速道歉，这体现了坦诚和担当。比如计算机老师吴明波，经常牺牲自己的午休时间，把自己的电脑让出来给大家练习拼音打字。比如严必特老师，在得知她家境贫困时，为她争取贫困资助，更在资助团老师视察学校与学生交流时，给她提供有效的指导，让她第一次在正式的场合上侃侃而谈。还有宿管老师的温柔、关爱，保安叔叔的和蔼可亲……

职场奋斗，勤奋上进

在学校的校园招聘会上，没有几个人前往景嘉微面试，一是公司刚成立一年，单位小；二是工资低才800元，且不包吃住。然而学校却力推了她，拿到录用通知时她也并不激动。但是她叔叔告诉她，"景嘉微是创业型高科技公司，人员大多是高素质人才，接触的人、学到的知识都是产线工人接触不到的，如果能与之一起成长，将来必有所成。进去后要勤奋、肯干、少说多做、不懂就问。"这些话一直到现在她都牢记于心，且用于指导新人。

那是一个下雨天，她胆怯地进入景嘉微的大门，一个两百平方米不到的办公室里安静地坐着一群男同事，都齐刷刷地看着她。两位领导简单面试了后，给她安排了一个工位，她坐在外面一句话都不敢说，其他同事都在安静地敲打着键盘，写着代码。她就这样简单地翻着公司的资料坐了三天，第四天就被安排外出采购，结果回程时钱包被偷了。她坐在车上一边哭泣一边打电话给同事，同事说只要人没事就好，回到办公室所有的同事都来安慰她，这一刻她感受到了公司的温暖。

搬到公司附近后，她每天8点准时到公司，用半个小时浇花、擦桌子、扫地，将办公室的每一处打扫得一尘不染，主动包揽了一切杂事。慢慢地，她意识到这其实也是一种锻炼与考验。很快，她熟悉了每一位同事，也有越来越多的同事主动指导她如何使用电脑、如何寻找合适的供应商、如何谈价等。空闲时，她便去生产车间观察同事如何焊接产品，也咨询一些有关SMT（表面贴装技术）的知识，她渐渐地熟悉了一块产品从物料到PCB A、模块、整机、系统等各工序流转，掌握了生产制造工艺、设备运作诸多知识。不久，公司有一款产品开始小批量生产，生产人员不足，她便主动申请参与加班赶工。这次的协同不仅让她得到了锻炼，领导也开始关注她的综合能力发展，逐步安排其他更重要的工作给她。

作为采购员工作的时期，因单位小、产品少、采购量少，找不到与代理商合作的机会，她只能在电子网商城上采购。每次收到芯片，就担心是假货。故遇到贵的芯片，她都会小心翼翼地拿着芯片请教研发中心主任（现公司高级副总裁）。主任会耐心地指导她看 PDF 文档、比对芯片本体丝印代码、通过外观甄别真假等。每次请教后，她会回到座位打开文档重新细学，了解每一款芯片规格型号的组成，每个字母、数字所代表的含义，渐渐地，她熟知了 TI、ADI、XILINX、NXP 等多品牌电子元器件，也能自己判断产品的真伪了。她珍惜每一次跟领导汇报工作的机会，在汇报前她会把每一件事按照"5W2H"调查清楚，然后带着自己的解决方案汇报。与领导意见不一致时，她会虚心请教，刨根问底，尽量获取更多的知识和不同的见解，然后将其运用到其他工作中。

随着公司的壮大，公司开始申请行业资质。作为中专学历的她，缺点也越发明显，不会写，只会说。于是她出现了职业生涯的低谷，被迫多次调岗。这是对她这么久认真工作以来最大的打击，她内心非常煎熬，但又不能表现在工作中。她用看书来排解自己的忧愁，从《红楼梦》到《简·爱》《呼啸山庄》，足足有几十本。有一天，她在上班时间看书被领导发现了，领导用 RTX 沟通工具跟她建议，上班时间应看一些管理书籍。从那时起，她便买来各种管理书籍进行阅读，甚至总结出读一本书一定要看三遍的诀窍。第一遍阅读时，可能只对仓库的概念、流程有个初步的印象，许多细节和原理一知半解。到了第二遍阅读时，开始与实际业务相结合，更深入地理解其中的要点和逻辑关系，对各环节之间的联系有了清晰的认识。三遍读下来，基本可以准确把握书的整体架构，对各种策略和方法的运用胸有成竹；不仅如此，还能发现潜在的问题和改进的方法。在工作遇挫时，一定不要气馁，换一种积极乐观又平淡的心态来调整，充实自己，认真对待每一个岗位，静待花开。

机会是给有准备的人的，仓库接连换了几任"海归"仍不能做到账、物、卡一致。领导问了她的意见，决定让她去试一试。面对大量复杂的数据和陌生的统计方法，她感到前所未有的压力。但她深知这是成长的必经之路，便咬紧牙关坚持下来，并及时报考了物流师。

为了快速了解业务，每天下班后，当其他人都已离开，她仍留在仓库对着电脑，一遍又一遍地梳理数据。她第一次做的库存分析报告被打回七次才勉强通过，可想而知当时的情况对她来说是一种怎样的煎熬。在迷茫的时候，她向导师、领导、同事等相关方虚心求教，与大家一起头脑风暴拓展思路，让她明白"三个臭皮匠，顶个诸葛亮"的道理，充分理解了个体的力量是有限的，集体的力量和智慧往往是不可估量的。

此时，部门另一业务模块同事生病请长假，她主动申请替岗担任物控 MC 专员解决部门临时缺口问题。她充分了解了项目从设计、物料核算、物料齐套管理到上线 SMT 多工序的业务流，并结合计划员 PC 的相关实操对整个流程进行了优化。在这段时间，她基本能独立解决问题，也学会了如何有效地组织和管理团队，提高工作效率和质量。这段经历让她的专业能力得到了提升，为日后担任计划部副经理打下了坚实的基础。

✦ 祝福母校

热烈庆祝母校喜迎 110 周年华诞！愿母校如苍松般常青，如高山般巍峨，培育出更多优秀人才，续写百年辉煌！

✦ 寄语学子

亲爱的学弟学妹们，要热爱工作、享受工作。当你们即将毕业、面临选择的时候，一定要慎重又认真，不要被眼前的小利益吸引，要关注公司的长远发展潜力，这关乎你们未来职业道路是否能够顺畅开阔。在面试的时候，不要紧张，要自信地展示出你们的优势和潜力，同时也要抱着学习的态度对待每一次机会。入职后，要保持积极进取的心态，虚心求教，主动去适应和融入新的环境，不断提升自己。要支持和拥抱公司的每一次变革，在公司的每一天都要站在公司的利益角度维护公司形象。希望你们能找到适合自己的好公司，开启精彩的职业生涯，加油！

31

匠心筑梦，创新前行

🔊 电子小档案

龙云泽，男，湖南凤凰县人，毕业于长沙市电子工业学校电子技术应用专业1003班，班主任王丽老师、曹孝玉老师。现在长沙世邦通信股份有限公司深圳研发中心担任硬件工程师，从事产品研发的硬件设计工作。

他，用自己的奋斗历程书写了一段从山村少年到电子精英的传奇。他，用自己的努力和坚持，证明了只要有梦想、有匠心、有创新精神，就能在人生的道路上不断前行，实现自我价值。他就是来自湖南湘西凤凰县，现在长沙世邦通信股份有限公司深圳研发中心担任硬件工程师的龙云泽。

从山村少年到电子精英

龙云泽，出生在湖南省凤凰县一个偏僻的小山村。2010年，由于中考成绩不理想，他从湖南省凤凰县第一民族中学毕业，心中怀揣着一个愿望——学习一门技术，早日步入社会，为家庭减轻负担。

2010 年 8 月，通过一位老师的引荐，龙云泽满怀憧憬地踏入了长沙电子技术学校的校门。自小，他便对物理产生了浓厚的兴趣，家中的各种电子产品总能让他沉浸其中，无论是拆卸还是组装，他都乐此不疲。因此，当招生老师详细介绍电子技术应用专业时，他毫不犹豫地选择了这个专业，成了长沙电子技术学校中职 1003 班的一员。

在中职班学习期间，他的班主任是王丽老师，王丽老师以严厉著称，但又不失细心与耐心。王老师拥有一套独特的班级管理模式，她把自己大部分时间都倾注在学生身上，细心观察着每一位同学的动态。只要哪位同学有丝毫的异常，都逃不过她的"火眼金睛"。随后，她会不厌其烦地进行引导和教育。王老师对学生的管理就如同一位匠人对待她的作品，精益求精。在王老师的悉心教导下，龙云泽不仅在学业上取得了优异的成绩，还成功竞选为班级学习委员。这份责任与荣誉时刻鞭策着他不断前行，使他的学习成绩有了突飞猛进。

由于成绩优秀，经过中职班两年的学习，龙云泽顺利升入了大专班，继续深造电子技术应用专业。在这里，他有幸遇见了他的第二任班主任曹孝玉老师。曹老师的管理方式与王老师迥然不同，他更加注重学生的自主管理和潜能的发挥。在曹老师的悉心指导下，他从学习委员逐步成长为班长，肩负起班级日常事务的管理职责。曹老师的带班风格为他提供了更多锻炼自身能力和展示才华的机会，使他在管理班级事务以及与同学交往等方面都更加自信。

同时，他还积极加入了宿管会，并担任副主席一职。在王丹琳老师的精心指导下，他与同学们共同努力，将宿管工作打理得井井有条。虽然王老师并非正式教员，但她同样是龙云泽人生中的重要良师益友。每当他心中迷茫、想要放弃时，王老师总是耐心地为他解答困惑，给予他宝贵的建议和鼓励。

正是在这样优越的学习环境中，龙云泽主修了电子技术应用，深入学习了"PLC(可编程控制器)设计""普尔泰设计""数字电路"等核心课程，并以近乎全优的成绩脱颖而出，每学期均荣获优秀学生的称号。此外，他还是一名优秀的共青团员，并积极向党组织靠拢，成为入党积极分子。这些成就使他成功入选为学校技能竞赛的种子选手，并在 2013 年全国职业院校技能大赛"计算机硬件检测维修"项目中脱颖而出，荣获二等奖，当时他才 19 岁。

工匠精神的践行者

2014 年 5 月，龙云泽进入威胜集团有限公司实习，凭借在学校的优秀表现和扎实的专业素养，他顺利获得了公司的认可，并在毕业后正式加入公司担任维修员岗位。即便顺利就业，他依旧保持着高度的热情和努力，每天跟随车间流水线工作，每周辛勤工作 6 天至 7 天，早上 8 点半准时上班，中午休息 1 小时，晚上则经常加班至 9 点，之后他仍会坚持自学至晚上 11 点，不断提升自己的专业技能和知识储备。

在威胜集团有限公司的实习与工作经历，让龙云泽深入体验到了工匠精神的核心价值。手工焊接技术作为他日常工作的关键一环，其重要性不言而喻。为了确保焊接质量，这项技术强调一次性到位，旨在减少芯片桥连、假焊和空焊等潜在问题，从而确保每个芯片都能达到最佳的焊接状态，进而降低芯片在运行过程中出现故障的概率。为了达成这一高标准，龙云泽深知每一个动作都必须精确无误。因此，在掌握焊接理论知识的基础上，他严格要求自己在每一个细节上都做到精益求精。无论是焊接还是维修，操作中的一丝一毫的疏忽都可能带来风险，尤其是电击的风险。好几次，他曾因疲劳和疏忽，不慎被电击伤，手指起泡甚至出血，这样的经历让他更加深刻地认识到动作精准的重要性。为了避免再次发生这样的意外，他进行了反复的练习和打磨，直至他的每一个动作都达到精确无误的标准。每当成功完成一次高质量的焊接或维修时，他都会感到无比的满足和自豪。

这种对精准的追求和对技艺的热爱，正是工匠精神的最好体现。要练就工匠精神，不仅需要精湛的技艺，更要有持之以恒的耐心和细致入微的专注。从毕业到获得单位的认可，龙云泽历经两年的锤炼。在这段平凡的工作历程中，他始终秉持着对工作的热爱和专注，将每一件事情都做到尽善尽美，这也让他在众多同事中脱颖而出。

2016 年 7 月，龙云泽代表威胜集团有限公司参加了长沙市职工职业技能大赛，并在"电子设备装接工"项目中荣获第一名。同年，他获得了长沙市总工会颁发的"长沙市五一劳动奖章"和"长沙市优秀工匠"的荣誉称号。而在 2017 年的长沙市"星城杯"劳动竞赛中，他更是荣获了"长沙市青年岗位能手"的殊荣，并取得了职业技能等级"电子装接工二级（技师级）"证书，这是他从考取"电子装接工四级(技师级)"证书开始,一步步努力攀升的成果。

对于这些荣誉和认可,龙云泽并未感到意外,因为校赛和国赛的经历早已给了他足够的自信和实力。然而,他始终认为自己并不足够优秀,他深知这些成绩的取得,只是因为他坚持做好自己的本职工作,将每一项任务都做到极致。

创新路上的探索者

由于个人职业规划的调整,龙云泽于 2018 年 3 月离开了威胜集团有限公司,并在次月即 2018 年 4 月加入了位于长沙市高新区的长沙世邦通信股份有限公司(以下简称世邦)。在世邦期间,他独立负责一组工作,主要聚焦于产品老化测试,即评估产品连续工作的时长和性能表现。新产品与既有产品均需经过严格的测试、质检和包装流程后方能上市,而他所负责的正是这一流程中的倒数第三道关键关卡。他对于当时的工作感到满意,始终尽职尽责,全心全意投入,也因此获得了公司的认可与好评。经过六个月的努力,他顺利晋升为助理工程师。在助理工程师的岗位上,他凭借扎实的技术基础和不懈的钻研精神,在一年后被公司调至研发部门,担任硬件工程师一职。

2022 年,因公司战略发展需要,龙云泽从总部被派往深圳,负责深圳研发中心的总体硬件设计开发工作,并协助总监管理深圳研发中心的日常运营。面对这一新挑战,他深知工作环境或许枯燥且具有一定的风险性,但他从未有过放弃的念头。他也为自己设定了一个小目标:在五年内通过自考获得本科文凭,以此为自己的职业生涯打开更广阔的天地。自中职毕业后,学历问题一直是他心中的一个结。因此,早在 2018 年,他就报名参加了成人自考本科。多年来,无论工作多么忙碌和辛苦,他始终未停止学习。经过不懈的努力,他终于在 2023 年成功获得了自考本科文凭。这一成就不仅让他实现了自己的小目标,更为他的职业生涯增添了浓墨重彩的一笔。

在当今社会,创新已成为一个永恒的主题。在龙云泽的职业生涯中,他也始终秉持着一种创新的精神。他深深记得当年班主任曹老师的教诲,曹老师曾告诉他,创新并非空中楼阁,它需建立在稳扎稳打的传承技术和丰富工作经验的基础之上。只有在不断吸取教训、累积经验的过程中,才能不断改进,形成全新的方法和思维方式,从而拥有真正的创新能力。

经过八年的工作经验积累，龙云泽已经打下了坚实的创新基础。如今，在长沙世邦通信股份有限公司，他得到了一个绝佳的平台，与单位的研发团队紧密合作，紧跟当今世界通信技术的发展步伐，致力于开发出社会急需的产品，为社会服务，助力公司不断发展壮大。

作为年轻人，龙云泽坚信，真正的匠者必须在某个领域展现出虚心、恒心和细心的品质，这是实现创新的前提条件。只有如此，才能进一步探索创新的可能，完成真正意义上的创新。他将以此为目标，不断鞭策自己，持续进取，努力成为一个与时代并进的"大国工匠"。

祝福母校

母校赠予我的，是那些难以忘怀的美好记忆。这些记忆将成为我面对困难、战胜挫折的坚实支撑，引领我走向更加美好的未来。我衷心感谢母校，是母校赋予了我知识与力量，让我在人生的道路上不断前行。愿母校永远光辉灿烂，再创辉煌！

寄语学子

我希望在校的学弟学妹们能够铭记"一看二学三思考"的箴言，坚持走自己的道路，勇敢接受自己的与众不同。不要害怕失败和别人的嘲笑，因为每一次尝试都是一次成功的起点。对于那些因此而嘲笑你们的人，你们完全可以将这些人排除在自己未来人生对手的名单之外。此外，我鼓励你们为每一位上台展示自己的人鼓掌，因为他们的勇气和自信同样值得大家尊敬和学习。

32

日拱一卒　功不唐捐

🔊 **电子小档案**

　　彭俊，男，湖南长沙人，1993 年毕业于长沙市电子电器职业中专学校（今长沙市电子工业学校）902 班，班主任唐小光老师。现任湖南广播电视台发射中心机房主任。湖南广播电视台是一家专门从事宣传国家方针政策、报道社会新闻工作的省级事业性单位。

　　在中国象棋中，有一枚棋子叫作"卒"，"卒"每次只能前进一格。虽然只能前进一格，但不断的积累会引起质变，最终影响棋局的走向。每个人都有自己人生的棋盘，每个人也都如"卒"一般，但并不是所有的"卒"都愿意努力前进，改变棋局。而在长沙市电子电器职业中专学校有这样一名学子，他凭借坚韧不

拔的意志，积累着一点一滴的努力，最终改变了自己的"棋局"。他就是广播电视技术专业高级工程师——彭俊。

走出山村　感念师恩

1990 年，彭俊从一个偏远的小山村考入长沙市电子电器职业中专学校，从此开启了他三年的学习时光。正是在这里，他对电子技术产生了浓厚的兴趣，学会了扎实的专业理论知识，掌握了过硬的动手技能，使他从一个"什么都不懂，甚至有点自卑"的山村小孩，变成了一个"成熟、自信，对未来充满希望"的理工男。毕业后，他仍不放弃学习，又考入了北京广播学院（现中国传媒大学）通信工程专业学习，获得学士学位。如今他是一名广播电视技术专业高级工程师。那么是谁让他转变这么大？他回答道，是长沙市电子电器职业中专学校里那一群热情洋溢、和蔼可亲的老师，尤其是他的班主任唐小光老师。

1990 年，我国还处于计划经济时期，很多商品还需凭票购买，在学校买饭票还需要"搭餐券"。他作为一个从农村来的学生，对城市生活感到十分陌生，根本都没听说过"搭餐券"。在食堂买饭时，看着城市里的同学们打好饭菜，而自己踟蹰不前，不知如何开口询问时，他顿时觉得自己不属于这个圈子，一度产生了退学的想法。在经历几次饥饿后，细心的唐小光老师发现了这一问题，主动找到他，并在班会上讲了他的情况。很快，在老师的关心和同学们的帮助下，他的生活问题得到了解决，也能安心学习了。随着时代的发展，计划经济很快就取消了，在学校买餐票也不要"搭餐券"了，但老师和同学们的关心、帮助并没有褪色，他仍旧能回想起当时的点点滴滴。

在入学不久后，彭俊的家庭发生了一些问题，他因此陷入了人生的低谷，感到迷茫和无助。他不愿和同学倾诉，也不愿和同学亲近，更是时常一个人默默在校园里闲逛。有时想到自己的家庭，他只能躲起来，用手擦拭落下的泪水。他的形单影只、魂不守舍引来了班主任的关注。班主任唐小光老师便经常叫他去办公室，向他了解家庭困难，耐心倾听他的烦恼，为他提供多种解决方法，还时常鼓励他。她曾对彭俊说："每个人都会遇到挫折，但是关键是要坚持，要相信自己的能力。"对于处在困境的彭俊来说，这样温暖的话语就像一盏明灯，不仅增加了他面对困难的勇气，还照亮了他前行的道路。

日后，当他再遇见挫折时，他总会想起唐老师的话，于是又有了越挫越勇的勇气，继续走好自己的下一步。从专业知识到日常生活，再到理想未来，唐小光老师总能发现彭俊的困难，及时为他指点迷津，提供帮助。现在回想起班主任唐小光老师，彭俊心中还会感受到暖意，她的关心和支持让他明白——在困难面前，我们不是孤独的，总有人会伸出援手帮助我们。

越挫越勇，激流勇进

彭俊在校期间十分热爱学习，热爱阅读，谈起学生时期最让他有所启发的名言，他总会提到胡适先生说过的一句话，"人与人的区别在于八小时之外如何运用，八小时决定现在，八小时之外决定未来"。这句话成为他学习、工作上的座右铭。在学习上，他充分利用起"八小时之外"，定期阅读各类书籍，尤其注重阅读那些能够启发思维、提升能力的经典著作。这些书籍不仅丰富了他的精神世界，也为他日后的学习和工作奠定了坚实的基础。在工作之余，他不断学习行业新知识，不断提高自己的业务能力，并将理论运用于实践，在看似枯燥的工作中不断学习、提升、创新，发出属于自己的光。

临近毕业的时候，长沙市电子电器职业中专学校为了让学生们能够在毕业后有一技之长，并找到发展方向，便开展了"校园创业实践活动"。这次活动对于这些即将踏入社会的学生来说，无疑是一次难得的机会，也是一次对自身实力的检验。在学校提供的这方舞台上，学生们得以施展才华，体验创业的艰辛与乐趣。

"老师，我们五个想要报名！"彭俊与四位舍友一起成功组建了"五人番"的校园创业小组。然而，创业不易，实践更难。为了既不落下学习，又能够好好创业，五个人又利用"八小时之外"的时间"轮番上阵"，或是利用课余时间走出校门深入研究市场需求，或是采取了"一人上课四人调研"的方法，在一周的努力下，大家晒黑了一圈，但也得到了收获——他们确定了以"智慧校园"为主题的创业方向。他们希望通过技术手段，提升校园生活的便捷性和智能化水平，为师生们带来更好的体验。

为了将创意付诸实践，"五人番"又分工合作，各展所长。经过几个月的辛勤努力，智慧校园项目终于初见成效。这次创业实践活动不仅仅让彭俊体验到了创业的艰辛与乐趣，更收获了宝贵的经验和成长。当然，这也为他日后的就业夯实了基础。在回顾这段创业经历时，彭俊说道："长沙市电子电器职业中专学校给我的人生成长提供了稳固的平台。在这里，我学会了如何团队合作、如何解决问题、如何面对挑战。这些经历亦成为我前行的宝贵财富。"

行远自迩　功不唐捐

时间一晃，就来到了升学季，彭俊和同学们就此分道扬镳，开启了求职之路。然而，求职之路并非他想象得那么顺利。在寻找工作机会的过程中，彭俊遭遇了多次的拒绝和挫折。他曾满怀信心地给一家心仪已久的公司投递了简历，期待能够加入其中实现自己的职业梦想，然而，面试过后，收到的却是一封冰冷的拒绝信。

母校的学习培养了彭俊坚韧的性格，他坚信"长风破浪会有时，直挂云帆济沧海"。在后来的日子里，彭俊仍旧用"八小时之外"去参加各种招聘会，期望能够通过自己的多番尝试，找到一份满意的工作。起初，彭俊屡遭碰壁。但他并不认为这个过程一无所获，他学会了如何更好地与人沟通交流，如何更加自信地表达自己，如何更加理性地面对挫折和失败。这些经历让他变得更加成熟和坚强，也让他更加相信自己的能力和更期待未来。同时，彭俊也在积攒着，等待着，如同一把弓箭，瞄准了远方的目标，弓已拉满，只待射出的瞬间。

在获得心仪的工作后，彭俊也没有放弃提升自己的机会，他为自己设定目标——获得学士学位。他沉浸在书海中，与知识同行，与勤奋做伴，亦如棋盘的"卒"，一步一步走向前。后来，他考入了北京广播学院(现中国传媒大学)的通信工程专业，成功获得学士学位，成为一名广播电视技术专业高级工程师。

再回首，仿佛昨日还在教室里埋头苦读，今日却已踏入职场多年。那些曾经的教学楼、操场、图书室，都已成为彭俊心中无法替代的宝贵回忆。

✦ 祝福母校

恰值长沙市电子工业学校建校 110 周年暨职业教育开办 40 年，彭俊作为校友，十分感恩母校的教育，也对能在校庆时为母校送上一份祝福而深感荣幸。

江河把我们推向浩瀚，曙光给我们带来明媚，您将我引向壮丽人生！愿母校越办越好，培养出更多的优秀人才，为社会作出更大的贡献。

✦ 寄语学子

升学路漫漫，要定好风向标，坚定自己的兴趣，选择适合自己的专业；创业路艰苦，要锻造吃苦心，敢于追求自己的梦想；人生路崎岖，要用好"八小时之外"，无畏困难，奋勇前行！

33

人生就像一粒种子，高中开始发芽

🔊 电子小档案

　　申奥迪，男，湖南邵阳人，2012 年毕业于长沙市电子工业学校电子技术应用专业，班主任王利平老师、蒋艺老师。2016 年毕业于怀化学院，现任湖南先进技术研究院海洋探测事业部硬件工程师，中级工程师职称。他专业技术精湛，在海洋探测领域具备一定的技术积累，并积极投身于技术创新活动。业余生活丰富多彩，热爱电子 DIY、摄影、短视频创作，并热衷了分享经验和作品。

梦想，在高中发芽

申奥迪给人的第一印象是幽默、爱笑，不太符合大众印象中的工程师形象。他的办公场地是一间实训室，里面摆满了各种仪器仪表，实训台上还有他正在调试的一块电路板。申奥迪表示，他平时不喜欢坐在办公室里，所以将办公桌搬到了实训室，这样可以随时焊接、调试电路。在实训室坐下后，他就开始回忆母校。

2009年，15岁的申奥迪来到长沙市电子工业学校学习，起初是在李平松老师带的902班，后来听说可以参加高考、上大学，于是转到了王利平老师带的901班(高三由蒋艺老师带班)，开启了三年的高中学习生涯。他笑着回忆，"跟着阳文希老师学焊接电路，跟着吴明波老师实训，跟着林干祥老师学修电视。阳文希老师说我焊接水平很高，有次实训时我把电阻弄炸了，被碳粉溅了一脸，吴明波老师至今还笑话我。"在老校区时，他凭着仅学的电路知识，想自己动手制作一个会发光的七彩五角星，于是跑到了三湘南湖大市场买了元器件回来焊接，信心十足的他刚拿着焊接完的作品回到宿舍接通电源，便发出一道强光和一声爆响，一楼的宿管阿姨立马上来查看，看着那炸得稀烂的作品，宿管阿姨还鼓励他继续努力，叮嘱他一定要注意用电安全。这让他深受感动，印象深刻。

2010年，学校从蔡锷路的老校区搬至职教基地新校区，学习和生活的环境发生了巨大变化。谈及校园里的文化生活时，申奥迪满脸笑容地说，他在新校区每天还能骑自行车上下学，而且还时常在校园里的弯道练习自行车漂移，职教基地的后山也成了他练习越野爬坡的地方。有几次周五放学和班上同学在福湘馆前的球场打球，学校开始收国旗，在国歌响起的那一刻打球的几位同学都不约而同地放下球，直挺挺地面向国旗方向肃立，这一幕正好被陈湘科长看见，后来还在周一升旗时通报表扬。

"阳桂芳老师、彭利军老师、程佳老师、刘国云老师、夏龙飞老师、李经国老师、钟勇老师，每一位老师都在我高中三年给予了我最大的帮助与支持。"申奥迪说。正是这三年，让他喜欢上了电子，也为后来的大学学习打下了坚实的基础。

2012年的夏日傍晚，申奥迪焦急地等待高考录取结果。"恭喜您被我校电子信息科学与技术专业录取"，一份来自怀化学院的录取通知静静地显示在电脑屏幕上。申奥迪第一时间将消息告诉给了班主任蒋艺老师，蒋艺老师勉励他说大学一定要饱含激情、多看书、多思考、不断自我提高。"离别总是有太多伤感与话要说，三年稍纵即逝，这三年有过懒散，有过批评，也有过低谷。回头看高三那一年每天早晨在教学楼一楼读英语、半夜在宿舍阳台努力的样子，一切都是那么的幸运与值得。是学校无条件的支持，是老师们悉心的教导，也是宿管阿姨亲人般的陪伴，让我心怀感恩。"申奥迪说。

信仰，在大学坚定

告别了青涩的高中生活，带着对未来的憧憬，申奥迪满怀热情地走进大学校园，开启了属于他的大学时光。

因为他高中就动手能力强，所以在大一时参加学院组织的创新实训室选拔赛中获得了一等奖并顺利进入了创新实验室学习。实验室里的师兄师姐们都在积极地讨论项目设计，说着各种专业名词，似懂非懂的他后来直接就把自己的学习用品搬到了跟师兄并排的位置，与师兄聊技术以及今后怎么学习的问题。偶然的机会，申奥迪认识了负责学校航模队的雷通达教授，而他也因展现出了无比的热情和精湛的航模飞行技术，最后被老师选中成了航模队队长。操作航模时，有失控摔烂过，有操作失误飞到过树上、楼顶、游泳池里，申奥迪说到这开始忍不住偷笑起来，能感觉得到，那是一段非常有意思的经历。

在创新实训室的日常除了学习，还有完成老师交代的设计任务，正因为如此，每次学院组织技能竞赛他都会积极参加，也多次荣获竞赛一等奖、二等奖。大学期间，他担任了三年的班长，整个班级在他的管理下变得非常团结与出色。"回想起大二那一年，我组织班上那些动手能力强的同学一起在东、西两个校区开展了为期两天的义务维修活动，利用自己的专业所学，帮助同学们修电脑、吹风机、台灯等各种小电器，最后这件事情还被学校全校通报表扬了。"说到这里，申奥迪脸上明显能看出那份对专业的高度自信，也能感受到他那颗善良的心。

经此一事，申奥迪便在学校成了老师们的万能小帮手，空时就会去老师家帮忙维修家电。也正是由于平时的努力学习与技术实践，2014年和2015年，他参加了湖南省大学生(TI 杯)电子设计竞赛和全国大学生(瑞萨杯)电子设计竞赛，并分别荣获三等奖和二等奖，同年，学校新闻中心还对他进行了一篇名为《申奥迪：用实力说话》的专题报道。

技能，在职场磨炼

在同学们几乎都转行学软件的时候，申奥迪依然坚持本专业的学习。2015 年 12 月，当他得知湖南大学正在组织校招，本应是校内学生专场，但他凭借着自己的优秀简历当场获得了一份实习机会。在即将实习期满时，申奥迪选择了离职，他说想去外面学习提升，于是他拿着实习工资自费来到了苏州进行专项学习，也正是这一趟学习之旅，让他对自己的专业有了更深的认识。学习期满后，申奥迪回到长沙，进入了军工行业，从事海军装备——声呐系统的硬件开发工作，一直到现在他还在从事声呐相关的硬件开发工作。

刚刚进入这个行业的时候，满脸问号的他，上班时间以外的大部分时间都用来自我提升了。"除了买相关的专业书籍学习，我还会买一些比如机械设计、水声换能器、EMC 电磁兼容之类的书籍。"申奥迪说。作为一名硬件工程师，如果仅仅只了解硬件设计是不够的，在企业上班就会迫使你不断地学习本专业及该领域相关的知识，只有这样才能不被社会淘汰，才能在项目技术研讨会时听得懂、说得上话。

有时在完成硬件电路的设计后，还需要自己编写一些软件程序用于测试电路的基本参数，软件有简单的也有复杂的，要根据项目情况来看。为了对软件编程保持熟练，在工作之余他也会自己 DIY 一些电子设计，比如他最近设计的用于宿舍里的"懒人开关神器"，整个硬件电路、软件编程、结构设计都是由他一人完成。据他介绍，这个设计的想法是由上大学时冬天不想下床关灯而萌生的。是啊，科技不就是为了给人的生活带来便利吗？目前，他正在利用业余时间完成一个高难度的图像识别产品，他说这是第一次接触图像识别，有点难，但会尝试去攻克。这不禁让笔者对该产品充满了期待，祝他早日成功。

讲到这里，申奥迪又跟笔者分享了工作时的一件"糗事"，在 2019 年去南海出差做实验时，在船开出海南的内港后就开始剧烈地前后摇晃，上下落差近 10 米，经过 8 个小时的艰难航行终于到了目标海域，随着船锚的抛下，船开始了左右摇晃，申奥迪说海上的两天时间他只吃了半个白面馒头、半瓶水，晕了、吐了就回船舱躺一下，恢复一点就要去甲板干活，如此往复，直到结束靠岸。

谈论起这次经历，申奥迪说这是他第一次真实感受大海的力量，用一叶扁舟来形容再恰当不过了。

如今，他已经参加工作 8 年，依然从事着电子设计相关的工作，谈起为何还会坚持做这个行业时，申奥迪只说了句"因为喜欢跟热爱"。翻看他的微信，个人签名是脚踏实地、仰望星空，怀仁化物、立地仰天；同时他的朋友圈还有许多平日里拍摄的摄影作品。不难看出，从高中毕业到现在，12 年过去了，申奥迪不忘初心，依然将自己懵懂时的热爱真正地当成了自己一生所坚持的事业，积极乐观地生活着。

祝福母校

回溯 110 载风雨历程，母校以电子科技点亮万千学子梦想，值此庆典之际，衷心祝愿母校永葆创新活力，孕育更多大国工匠，续写职教新华章！

寄语学子

忆当年，我在电子技术应用班起步，今朝你们正扬帆；望你们紧握实践之钥，解锁知识宝库，以母校精神为指引，勇闯未知，敢为人先，让青春在匠心中熠熠生辉，为母校再创荣誉新篇章！

34

一位在视觉领域创新中的追跑者

🔊 **电子小档案**

汤洪波，男，湖南宁乡人，毕业于长沙电子技术学校(今长沙市电子工业学校)49班，班主任蒋艺老师；深圳视爵光旭电子有限公司创始人之一，任职公司副总裁。

在视觉科技的浪潮中，有一位不断追求创新、勇往直前的追跑者，他的人生轨迹就像一部跌宕起伏的励志史诗，记录着他如何在梦想与现实之间，用智慧和汗水绘制出一幅幅令人瞩目的创新画卷。

梦想启航

在1995年的盛夏，汤洪波怀揣着对未来的憧憬和梦想，背起了行囊，踏入了长沙电子技术学校的大门。那时，他稚嫩的脸庞上写满了期待与忐忑，他用充满希望的目光注视着这个即将开启他人生新篇章的学校。

初来乍到，汤洪波踏入这个陌生的环境时，内心充满了迷茫和无助。周围

陌生的面孔、不同的口音和习惯，让他感到有些无所适从。然而，他心中有一股坚定的信念，坚信这里是他追求梦想的起点，这所学校将会慷慨地给予他所需的知识和力量。

随着时间的推移，汤洪波逐渐适应了学校的生活。他发现这所学校不仅注重书本知识的传授，更强调将理论知识与实际生活相结合。每当他走进课堂，老师们总是用生动的案例和实际操作为他讲解知识，让他深刻感受到学习的乐趣和实用性。

汤洪波记得开学不久后，班主任蒋艺老师找到了他。蒋老师是一位温柔而坚定的女性，她的眼神中透露着对学生的关爱和期待。她看着汤洪波，轻声问道："你是否愿意利用课余时间在学校的校办工厂实践呢?"汤洪波当时心中既兴奋又紧张。兴奋的是，他终于有机会将所学知识付诸实践，这是他一直以来的愿望;紧张的是，他担心自己无法胜任这项工作，辜负了蒋老师对他的信任。他坦诚地向蒋老师表达了自己的担忧。蒋老师微笑着看着他，温柔地鼓励道："我相信你可以做好，你对自己也要有足够的信心。犯错并不可怕，重要的是要勇于承担和改正。"蒋老师的这番话如同一股暖流涌进他的心中，照亮了他前行的道路。

在蒋老师的鼓励和指导下，汤洪波开始了在校办工厂的实践生活。他努力学习、勤奋实践，不仅仅在专业技能上取得了长足的进步，更学会了如何面对困难和挑战。蒋老师总是耐心地指导他、鼓励他，让他感受到了无尽的关爱和支持。这段经历让汤洪波更加坚定了自己的信念和追求，也让他深刻感受到了母校的温暖和力量。

在校园生活的日子里，蒋老师对汤洪波的关心和照顾，如同母亲般无微不至，渗透进他生活的每一个细节。记得有一次，汤洪波打篮球时不慎弄伤了眼睛。他捂住眼睛，疼痛让他皱起了眉头。那天正值周末，他原本打算回家拿生活费，但蒋老师一看到他受伤的模样，立刻担忧起来，她轻声地阻止了他："别回家了，你父母看到会担心的。"她的声音充满了关爱和安抚。蒋老师不仅亲自带他去医院看病，一路上她紧握着他的手，给予他鼓励和安慰。在医院里，她细心地询问医生，了解病情，然后亲自为他取药。当汤洪波因为担心生活费而犹豫时，蒋老师毫不犹豫地拿出自己的钱包，主动借给他生活费，她的举动让汤洪波感动不已。这份深沉的关爱，让汤洪波至今难以忘怀。每当他回想起那个周末，蒋老师焦急的眼神、温柔的话语和无私的关爱，都如同暖阳般照进他的心田，让他感受到了无尽的温暖和力量。

虽然与蒋老师的相处时间并不长，但她给予他的教诲和关怀却让汤洪波受益终身。她教会了他如何面对生活的挑战和困难，更让他明白了为人处世的道理。在汤洪波人生的道路上，蒋老师如同一座灯塔，指引着他不断前行。

职场蜕变

1999 年，汤洪波结束了在长沙电子技术学校的求学生涯，怀揣着梦想与憧憬，踏上了前往广东深圳的列车。深圳，这座充满活力和机遇的城市，成了他职业生涯的起点。汤洪波加入了中国电子器件有限公司，这是一家在深圳享有盛誉的国有企业。公司有一项独特的入职要求，即所有新员工必须从最基层的生产线员工开始做起，深入了解产品的每一道生产工艺流程。于是，他踏入了生产线，开始了他的实习生涯。尽管环境陌生且艰辛，但汤洪波深知这是一个宝贵的学习机会。凭借在学校学习的计算机应用及电子技术专业知识，他在工作中能够迅速发现问题并提出解决方案。与那些没有专业背景的员工相比，他拥有独特的优势。短短两个月的时间，他就提前完成了三个月的实习期，并顺利成为一名调试技术员。

然而，成为技术员后，汤洪波意识到自己的专业知识仍有不足之处。他害怕在试用期被淘汰，因此他决心更加努力地学习。每天，当同事们休息时，他都会独自前往深圳图书馆，查阅资料，深入学习 LED 产品的原理和技术。这个过程虽然艰辛，但每当他解决一个问题，他就感到无比的满足和自豪。

经过半年的不懈努力，汤洪波逐渐成为工厂技术水平较高的调试技术员之一。他的努力得到了公司的认可，他的工资也比其他同事高出 200 元一个月。这不仅仅是对他技术能力的肯定，更是对他勤奋和坚持的认可。

随着时间的推移，汤洪波逐渐从技术员晋升为生产管理人员。当时，他是工厂较年轻的管理人员之一。他明白，作为管理者，不仅仅要技术过硬，更要懂得如何带领团队，激发团队的潜力。为了不断提升自己，他报名参加了成人高等教育课程，从学历上提升自己，从思想上不断汲取新的知识。

在那段岁月里，汤洪波经历了从技术员到生产管理人员的转变，也经历了从青涩学生到职场人的成长。他深知，这一切都离不开他坚持不懈的努力和对梦想的追求。每当他回想起那段日子，心中都充满了感慨和感激。

智慧指引

2005 年，汤洪波邂逅了两本对他认知产生深远影响的书籍——杰克·韦尔奇的《杰克·韦尔奇自传》和《赢》。书中的智慧之语，即便时隔多年，依旧熠熠生辉，犹如明灯一般，照亮了他前行的道路，并在他心中持续回响，给予他无尽的启示。

阅读完这两部著作后，汤洪波恍然大悟，原来他能在短短两年内迅速晋升为管理者，背后有着之前未曾察觉的深层次原因。这些原因，包括他的本分、承诺、责任心、信任以及欣赏他人的能力，它们共同构成了他性格的基石，也成为他评价他人的重要标准。这些发现让汤洪波更加清晰地认识了自己，也让他在未来的道路上更加坚定。

角逐追梦

2009 年，在梦想与激情交织时，汤洪波与几位志同道合的伙伴携手，共同创建了深圳视爵光旭电子有限公司。他们眼中闪烁着坚定的光芒，怀揣着共同的理想和抱负，立志在电子科技领域闯出一片天地。创业初期的艰辛仿佛一幅幅生动的画面，至今仍历历在目。

记得那次，他们接到了一个来自澳大利亚的重要订单，而那时的工厂正忙于紧张的装修，交货期限却如悬在头顶的利剑，逼迫着他们必须分秒必争。在那关键的时刻，汤洪波和他的团队犹如战士一般，连续四天三夜未曾合眼，带领着 13 名员工不分昼夜地奋战在生产线上。他们的身影在灯光下显得异常坚定，脸上写满了坚毅与决心。

终于，在他们的不懈努力下，产品如期交付到了澳大利亚客户的手中。当客户收到产品并发出由衷的赞扬时，他们的脸上都露出了欣慰的笑容。这份合作不仅赢得了客户的信任，更奠定了他们公司在国际市场的地位。如今，他们与这位澳大利亚客户已经保持了连续 15 年的良好合作关系，成了彼此不可或缺的合作伙伴。

在那段忙碌而充实的日子里，汤洪波每天的工作都持续到凌晨两点左右。他的眼神里充满了疲惫，但更多的是对未来的期待和坚定。他的最大愿望就是能在晚上十二点前下班，但现实却往往让他无法如愿。

由于他们的业务涉及国际化公司，英语交流能力成为必备技能，而这恰恰是他的短板。有一次，一个德国客户到访他们公司，恰逢晚上九点多，翻译不在场。面对这个突如其来的挑战，汤洪波只能硬着头皮与客户探讨技术问题。虽然他的英语并不流利，但他凭借着几句蹩脚的英语和手势，竟然成功地与客户沟通并解决了问题。那一刻，他深深地感受到了自己的不足，也意识到如果不提升英语能力，将成为公司发展的瓶颈。

于是，他下定决心疯狂地学习英语。他每天利用业余时间，沉浸在英语的海洋中，不断地充实自己。他的身影在灯光下显得异常坚定，他的眼神里充满了对知识的渴望和对未来的期待。他坚信，只要坚持不懈地努力和学习，就一定能够克服自己的不足，实现自己的梦想和目标。

在职场上，汤洪波始终保持着一种学习的态度。他知道，只有不断地学习才能让自己变得更加强大。这段创业经历让他更加坚信自己的信念和决心。他相信只要心中有梦想、有信念并为之付出努力就一定能够走向成功之路。

✦ 祝福母校

"德育为首、人格为本、理实并重、技能精湛"，这镌刻在心的办学理念，一直是我人生路上的明灯。我的恩师们，掬取天池之水，倾洒于人间，培育着包括我在内的棵棵新苗。他们的谆谆教导，如同爱的清泉，在我心灵的河床里潺潺流淌，永不停息。此刻，我怀揣着无尽的感激与敬仰，向我的母校献上最诚挚的祝福：愿母校年年桃李满园，岁岁芬芳四溢！

✦ 寄语学子

人生之路，犹如从荒漠走向繁华的旅程。作为已经走过这段路的学长，我想对在校的学弟学妹们说，希望你们能够珍惜这段宝贵的校园时光，深耕专业知识，将所学与社会实践相结合。同时，也要锤炼自己的人际交往能力，因为校园虽小，却如同一个缩小版的社会，将为你们未来步入社会奠定坚实的基础。此外，我还希望你们能够铭记刚入学时那份对美好未来的憧憬，保持那份初心，勇敢前行，不负韶华，不负自己！

35

一位市场精英的奋斗与成长

🔊 电子小档案

吴鑫,男,湖南长沙市人,毕业于长沙市电子工业学校汽车营销专业1311班,班主任陈卫红老师。后通过升学、成考,先后完成了专科、本科的学业。现任职湖南科瑞特科技有限公司市场部经理兼全国院校合作部负责人。

他的每一步都充满了挑战与机遇,他的成长之路,是无数年轻人追求梦想、实现价值的缩影。他凭借着自己的不懈努力和坚定信念,在市场的浪潮中乘风破浪,最终成为一名备受瞩目的市场精英。他的故事,激励着无数年轻人为梦想而拼搏,为成功而努力。

吴鑫,这位来自湖南长沙的"90后"青年,目前在湖南科瑞特科技有限公司担任市场部经理,并兼任全国院校合作部负责人。他的成长道路并非一帆风顺,但他始终坚守着"慢一点成功也没关系"的信念,坚信人生的价值在于经历、成长和不断挑战自我。

成长与蜕变

吴鑫的中职生涯，犹如一幅色彩斑斓的画卷，熠熠生辉。2013 年的秋天，他，一个怀揣着梦想的少年，加入了长沙市电子工业学校机电部汽车营销专业 1311 班这个大家庭。他眼中闪烁着对未来的热切期待，仿佛已经看到了自己在广阔舞台上施展才华的辉煌场景。

吴鑫身材高挑，眉宇间透着一股坚韧与执着。他总是穿着整洁的校服，第一个到达教室，最后一个离开。每当他坐在书桌前，那专注的眼神仿佛能穿透书本，直达知识的核心。他对知识的渴望与追求，使得他对待学习如同对待生活一样，充满了热情和耐心。

班主任陈卫红老师，一位经验丰富、眼光独到的教育者，很快便注意到了吴鑫。她看到了吴鑫身上的那种与众不同的气质——沉稳、踏实、富有责任心。于是，她选择了吴鑫担任班长。这份信任让吴鑫深感荣幸，也让他更加明白自己肩负的责任。

作为班长，吴鑫深知责任重大。每当夜幕降临，当同学们纷纷回到宿舍休息时，他仍会留在教室，默默地整理着一天的班级事务。他的动作总是那么认真、细致，仿佛在雕琢一件艺术品。有时，为了准备一次重要的班会，他会忙碌到深夜，精心策划每一个环节，只为给同学们呈现一个充实而富有意义的夜晚。虽然这些夜晚让他感到疲惫，但每当看到同学们满意的笑容时，他的内心便充满了满足和自豪。

在陈老师的指导和鼓励下，吴鑫不仅仅在学业上取得了优异的成绩，更在组织和协调方面得到了锻炼。他善于与人沟通，总是能迅速把握问题的关键，并提出切实可行的解决方案。每当遇到挫折和困难时，他都会告诉自己："再坚持一下，胜利就在前方。"正是这样的信念，使他在中职期间脱颖而出，多次获得了"三好学生""优秀干部""国家奖学金"等荣誉。在第七届校园技能节(世邦杯)活动中，他凭借出色的表现，分别荣获了"功率放大器""机械制图"项目竞赛的一等奖和三等奖。

这些荣誉的背后，是吴鑫无数个日夜的辛勤付出和不懈努力。他用自己的汗水和智慧，书写了一段不平凡的中职经历。这段经历不仅仅使他更加成熟和自信，更为他未来的职业生涯奠定了坚实的基石。回首中职生涯的每一步，他深感自己在这段时光中得到了巨大的成长与蜕变。是学校的精心培养、老师的悉心教诲、同学的鼎力相助，共同成就了今天的他。他坚信，只有持之以恒地努力，不断追求卓越，才能在未来的人生道路上走得更远、更稳。

毕业后，吴鑫选择了继续深造，完成了专科和本科的学业，最终毕业于湖南师范大学工商管理专业。这段学习经历让他更加明白，知识是改变命运的关键。他深知，只有不断学习，才能适应这个日新月异的社会。未来的道路还很长，吴鑫将带着自己的梦想和信念，继续前行。

坚持与超越

吴鑫回想本科刚毕业时，自己那张充满憧憬与自信的脸庞，仿佛还映照着他对未来的热切期望。他与另一位学长并肩，满怀豪情地踏入了进口车 4S 店，怀揣着月入过万的梦想，坚信生活将如他们所愿，按照规划前行——三年买车，五年买房。然而，现实却是残酷的，给他们浇了一盆冷水。

在 4S 店的日子里，他穿着笔挺的制服，努力在业绩的海洋中拼搏。然而，底薪的微薄让他不得不依赖业绩来维持生活，业绩的起伏如股市般跌宕起伏，让他内心如过山车般起伏不定。每当他站在展厅里，面对着各式各样的进口车，他心中既有对梦想的渴望，也有对未来的迷茫。

由于汽车行业的不景气和业绩的下滑让他不得不面对失业的现实。失业的日子里，吴鑫开始了他漫长的求职之路。他投出的简历如石沉大海，面对各种不理想的职位，他始终保持着那份坚韧和执着。最终，他选择了链家，成了一名房产中介。初入行业，他被告知"做中介不要急，慢慢熬"。然而，命运似乎并不打算放过他，市场的不景气让门店关闭，他再次失业。

面对人生的低谷，吴鑫开始深思。他坐在空荡荡的房间里，望着窗外熙熙攘攘的人群，心中涌起一股强烈的渴望。他告诉自己，不能就这样放弃，要找到属于自己的路。

深思熟虑后，吴鑫选择了脚踏实地，一步一个脚印地迈向未来。半年的中介工作经历，让他深刻认识到成功绝无捷径可走。当得知曾经实习过的公司正在招聘时，他毫不犹豫地递交了简历，并进行紧张的面试准备。终于，他赢得了试用机会。进入公司后，他夜以继日地努力学习，不断加深对行业知识的理解与掌握。

面对新冠疫情的挑战，吴鑫并未因此受挫。他穿着整洁的西装，戴着口罩，穿梭在城市的每一个角落。他积极向领导和前辈请教，勤奋自学行业和产品知识，不断提升自己的专业素养。经过两年的不懈努力与沉淀，他最终成为公司的业绩佼佼者，连续问鼎2022年、2023年公司业绩冠军，且连续两年荣获"优秀员工"称号。

站在领奖台上，吴鑫那张曾经充满迷茫的脸庞如今已经充满了坚定和自信。他深知自己的每一步都来之不易，也深知未来还有更多的挑战等待着他。但他相信，只要心中有目标，不断努力和追求，就一定能够在人生的道路上取得更多的成就和收获。

祝福母校

当我回望自己的成长历程，我对母校长沙市电子工业学校总是充满深深的感激之情。那里，是我青春梦想开始的地方，是我成长的摇篮，也是我奋斗的起点。在母校的怀抱里，我汲取了丰富的知识，锻炼了各项能力，更收获了珍贵的友情和深厚的师生情谊。

每当提及母校，我的眼中总会不自觉地闪烁出温暖的光芒。我清晰地记得学校的每一个角落，每一条蜿蜒的小路，每一间明亮的教室。还有那些曾与我并肩作战的同学们，我们一起度过了无数个日夜，共同面对了无数的挑战和困难，也一同分享了无数的欢笑和成功。如今，我已步入职场，成了市场部经理和全国院校合作部负责人。我深知，这一切都离不开母校的培养和教导。

最后，我想对母校说："感谢您给予我无尽的关爱和支持，让我在这里度过了人生中最美好的时光。我会继续努力前行，不断追求卓越，为母校增光添彩。祝愿母校越来越好，培养出更多优秀的人才，为国家和社会的发展做出更大的贡献。"

寄语学子

对于学弟学妹们，我有一些话想说："人生就像一场马拉松，不在于你跑得有多快，而在于你是否能够坚持到最后。慢一点成功也没关系，只要你心中有梦，脚下有路，就一定能够到达成功的彼岸。不要害怕困难，不要畏惧挑战，相信自己，相信未来，你们一定能够创造属于自己的辉煌。"

36

矢志不渝 不负时代

电子小档案

　　杨彩和，男，湖南邵阳绥宁县人，2011年毕业于长沙市电子工业学校917班，班主任王丽老师。现任日立电梯娄底办事处区域经理，全面负责日立电梯(中国)有限公司(以下简称日立电梯)湖南分公司娄底地区的销售安装和售后工作。

　　信念就像天边的彩虹，始终可以在我们心中照亮一片天空。它是一种力量，一种信仰，一种让人勇往直前的动力，是面对困难时不屈不挠的勇气，是迷茫困惑时的"指南针"，是身心疲惫时的力量源泉。可以说唯有坚定信念，才能绘出梦想的蓝图，才能实现梦想。曾有一位学子，他经历了多次困难，但困难并没有磨灭他的信念，反而让他更明确自己的信念，让他更专注自己的道路，他就是日立电梯娄底办事处区域经理杨彩和。

感恩母校　明确信念

杨彩和用了两个词形容读书时的自己，一个是初生牛犊不怕虎，另一个是年少轻狂。他说自己在高中毕业后放弃了复读，独自南下广东闯荡，但是因为没有学历和一技之长，只能频繁地更换各种工作，心中的失落感也与日俱增。经过内心的斗争和家人的劝说，杨彩和最终在2009年鼓足勇气，选择了长沙市电子工业学校进行学业深造。当时目的很简单，就是要学好专业知识，以选择更好的工作，所以杨彩和在最初的一个学期只知道学习文化知识，完全不与同学、老师和外界过多接触。班主任王丽老师很快就发现了这一问题，她多次找到杨彩和沟通，耐心地为他分析现在社会所需要的人才——不仅要有专业特长，还要有团队精神，善于沟通、懂管理。

由于性格有些固执，杨彩和一直未把王老师的话听进去。但是王老师并没有对此感到灰心，也没有放弃，反而不厌其烦地继续为他说道理、讲事实，给他做心理分析。慢慢地，杨彩和逐渐打开心扉，整个人也变得开朗了许多，最终当选了班长，协助王丽老师负责班级管理工作。由于性格原因，他以前一直没有当过班干部，更没有团队管理经验，导致管理效果很差，在管理班级的过程中也十分辛苦、委屈。但是每当他想要放弃的时候，王老师总是耐心地教导及鼓励他，告诉他怎么去管理班级。经过长达半年的摸索，杨彩和渐渐地把班级管理得有声有色起来，在管理的过程中，他更加严以律己，因为作为班长，不管是在学习中，还是在集体活动中，都应在同学面前树立一个榜样。

在校的两年来，他所在的917班在学校的各项评比中，均斩获荣誉，师生感情深厚。在学校的几年时间，不仅让他学到了专业的文化知识，在王丽老师无私奉献帮助下，他的管理能力也得到了锻炼，并光荣地加入了伟大的中国共产党，为以后在社会上步入管理阶层打下了坚实的基础。在他看来，王丽老师对待同学们就像自己的孩子一样，他十分感谢她无私的付出，正是王老师的付出，他才有了今天的成绩。

矢志不渝　不负青春

从长沙市电子工业学校毕业后，杨彩和进入了日立电梯实习。他从最基础的维保员做起，跟着师傅挤公交车奔走于长沙的各个小区楼盘。在师傅的悉心教导及自己的努力下，他顺利地完成了考核，并直接被调到调验科，成为一名调试技术员。在进入调验科的第一天，调验科长就拿着一本笔记本对新转入的三位同事说，三个月内记的笔记能达到一半，就算考核过关，立刻转正。听到科长的话，杨彩和当时就暗下决心，一定要提前完成。于是他白天跟着师傅去现场学习电梯调试技术，晚上下班回来继续看电梯图纸，记录白天的电梯故障及处理方法。经过一个月的努力，他已经能单独处理调试技术方面的问题了，笔记也早已写完一本，并且顺利通过公司的考试，成为调验科转正最快的一员。快速转正的经历无疑让杨彩和更加坚定信念，更有了冲劲。

科长为了锻炼杨彩和，把他外派到衡阳办事处，负责衡阳、邵阳、怀化、娄底地区的电梯调试验收。外派工作压力很大，需要单独处理好各项问题。他还犹记第一次单独去怀化的一个项目出差的经历，当时他到现场看到设备，不知所措，因为这是公司新出的产品，他从来没有见过，但公司也不可能再派人过来支援，于是他只能在现场一边学习一边调试。从中午一直到晚上，始终没有任何进展，可工期不等人，甲方还急着电梯调试完成投入使用。他心里万分焦灼，怕耽误交货期，只能打电话给科长寻求帮助，科长耐心地分析了所有可能的故障原因，并告诉他先回酒店休息一晚，把线路图纸仔细研究下，明天早上再继续攻克问题。在孤苦无助的外地，科长耐心的指导和关怀，让杨彩和的情绪渐渐平静了很多，同时他也一直相信，没有解决不了的问题，所以他当时并没有回酒店，而是拿起图纸在一旁认认真真地看起来。凭着一股狠劲，他一直检查设备到凌晨2点，终于把问题解决了。经过这次考验，杨彩和不再选择逃避遇到的问题，而是坚信信念，想尽一切办法去解决。经过两年的努力，他的技术突飞猛进，能独当一面，为客户顺利使用电梯保驾护航，还多次获得公司和客户的鼓励和表扬。

公司发展日益壮大，衡阳办事处也在2015年成立了分公司。因发展需要，公司领导安排杨彩和到总部培训，负责衡阳分公司的项目管理工作。从技术员转到项目经理，他内心曾纠结过，但他也知道这是公司给予他的信任和机会。在项目经理岗位的三年时间里，杨彩和负责过恒大、万达等大项目管理。每个项目都是一场硬仗，但让他成长最快的是衡阳万达广场项目。这个项目6月进场，9月交付，工期紧急，他基本上每天都在工地上检查、开会、协调、收款，还要兼顾其他的几个项目。由于初次接触万达这种大项目，不知道如何管理，现场乱成一锅粥，工程会议上也被甲方多次批评，偶尔晚上开会到凌晨 3 点，一进车里可以直接进入梦乡。

身心疲惫的杨彩和踟蹰不前，多次在心里暗暗地问自己是不是真的不适合项目经理职务。他的领导也看出了他的焦虑，主动找到他谈心，教他如何去管理好一个项目，告诉他胆子要大一点，放心大胆地去做好自己的事情，遇到任何问题都可以向领导直接汇报，领导会支持他。得到了领导的肯定和支持，杨彩和慢慢调整了自己的思路，他也想起了在学校时王老师教的一些管理方法，将这些方法用上，项目上的考核也逐渐被客户认可了，例会上也是赞扬多于批评，管理也越来越顺利。终于在甲方要求的时间内，按时保质保量地完成了所有电梯的安装调试验收工作，得到公司和客户的一致好评。通过这件事，他逐渐明白，只要你足够努力，一定会有更多更大的舞台等着你。

2018 年，公司为了扩大销售面并更好地服务于客户，需要在娄底办事处招一个销售。由于懂技术和项目管理工作，2018 年公司外派杨彩和常驻娄底，负责娄底的销售工作。初次做销售且初来娄底，杨彩和算是一个"小白"，不知从何下手，不过在他看来，既然选择了就要坚持下去。他白天去拜访经销商和客户，向他们介绍日立产品的特点，展示日立的优势，晚上回来学习产品和销售知识。经过几年的深耕，日立电梯在娄底的销量与日俱增，也获得了一定的认可。

同心协力，玉汝于成

2022 年公司领导让杨彩和全权负责娄底办事处工作，负责销售、安装、售后。新的职位就有新的挑战，管理的项目越来越多，对他的要求和考核也越来越高。杨彩和认为，自己的性格是属于比较实在的，因此在管理过程中，他不画饼，不打压，和同事们共同树立起诚信、和谐、开拓和共赢的核心价值观。娄底办事处的同事们大多比杨彩和年龄小，他作为领导，也作为"大哥哥"，会积极帮助他们做好职业规划，在个人技能提升的同时实现个人价值的实现。因为杨彩和初进日立时，公司的领导、前辈也是这样对他的，言传身教，帮助他成长，他也愿意把日立的这一优良传统传递下去。

学愈深愈知自己的不足，随着时间的推移，杨彩和越发感觉自己知识和能力的不足，看到了自己的缺点。当然，正是存在这样或那样的不足，他才有进步和提高的空间。他以执行力和担当力作为基础，不断深入专业学习，协调各项工作，最大可能地将公司的部署和领导的决策迅速地、不折不扣地贯彻下去。在执行中理解，在理解中执行，最为重要的就是执行。在执行过程中，如果杨彩和遇到问题，会及时向上级领导反馈汇报，或寻求帮助，或调整思路，同时及时向上级反映市场的动态变化，帮助领导做出更好、更迅速的决策。公司的企业愿景是成为行业领跑者，为了实现这个目标，销售、工程的同事需要一起努力，每个人的能力每天提升一点，持续地进步，日积月累就会带来质的飞跃。最后，在所有同事的共同努力下，娄底办事处各项指标任务都能按公司要求按时完成。

祝福母校

母校的学习点燃了杨彩和内心的火焰，给予了杨彩和知识，培养了杨彩和坚定的信念，恰逢母校创办110周年，他想对母校说："感谢母校充实了我的文化知识，我才能在社会上立足。母校一切为了学生，为了学生一切。祝愿我的母校岁月流转，学府不老，愿母校如晨光中的第一缕曙光，温暖而明亮；如夜空中最亮的星，指引前行的方向。祝母校越来越好，培养出更多优秀的人才，为社会做出更大的贡献。"

寄语学子

他想对学弟学妹说："世界上没有不能攻克的困难，坚定你的信念，增强你的学识，只有这样，你在面对困难时，才可以镇定自若，攻坚克难。年轻的学子们，希望你们矢志不渝，不负青春。"

37

拼搏之路从母校启航
——优秀校友叶亮励志成长篇

🔊 **电子小档案**

叶亮，男，株洲醴陵人，2006年毕业于长沙市电子工业学校电子应用技术301班，班主任李平松老师。叶亮就职于日立电梯(中国)有限公司湖南分公司，先后担任电梯维保员、工程技术科长，现任维保部长。

在漫长的人生旅途中，敢于蔑视任何的坎坷，敢于嘲笑任何的阻碍。这种思想的铸就，离不开一次又一次的艰难的磨炼，所以，我们应该感谢这些坎坷与阻碍。最近，优秀校友叶亮在日立电梯(中国)有限公司湖南分公司荣任维保部部长，长沙市电子工业学校无疑是他人生中至关重要的关键一站，回首他的成长之路，他的求学经历令人感慨，回望他的成才之道，他踏入社会后的拼搏故事令人赞叹。

难忘校园奋进时光

在长沙市电子工业学校里，叶亮所钻研的专业是电子应用技术。学校精心为学生们设置了一系列与电子应用技术紧密相关的专业课程，如电子技术基础、电子线路、电子测量等。这些课程犹如磐石般为叶亮打下了坚实的专业根基，使他对电子应用领域有了深刻的理解与认识。

在研习电子应用技术的基础课程时，叶亮扎实地掌握了电子元器件的特性、电路的基本原理等知识，为后续的学习与实践筑牢了根基。通过电子线路课程的学习，叶亮学会了分析并设计各类电子线路，极大地提升了自己的电路设计能力；而电子测量课程则让他熟练地掌握了各类电子仪器的使用方法，能够精确地对电子电路进行测量与调试。

还记得高二那年，学校组织了一堂电子技术基础的实验课，叶亮和同学们被要求设计一个简单的电子电路并进行调试。叶亮全身心地投入实验当中，极其认真地挑选元器件，精心地进行布线。然而，在调试过程中，电路却始终无法正常工作，叶亮并未气馁，他反复地检查电路，仔细排查故障，历经多次尝试与改进，他终于发现了问题，原来是一个电阻的阻值选错了，叶亮赶忙更换了电阻，电路这才得以成功运行。这次实验让叶亮深切体会到了电子应用技术的严谨性与复杂性，也让他更加坚定了学好专业知识的决心。

除了专业课程，学校还格外注重培养学生们的实践能力。叶亮拥有众多在学校的实训基地进行实际操作的机会，通过对电子设备的组装、调试等练习，极大地提高了自己的动手能力与解决实际问题的能力。与此同时，学校还经常组织学生们参加各类技能竞赛，而叶亮也在竞争中不断提升自己的技能水平。

高三那年，学校举办了一场电子设备组装竞赛。叶亮和他的团队成员们积极筹备，认真钻研竞赛规则与要求。在竞赛过程中，他们遭遇了一个难题，一台设备的某个部件出现了故障，导致整个设备无法正常运转。叶亮和他的团队成员们并未慌乱，他们冷静地分析故障原因，运用所学的知识与技能，逐一排查可能导致问题的原因。经过一番努力，他们终于找到了故障，并成功修复了设备。最终，叶亮的团队在竞赛中取得了优异的成绩，这次竞赛让叶亮更加自信，也让他深刻地明白了团队合作的重要性。

此外，叶亮还积极参与学校的学生会工作。他凭借着自己的奋进与才华，先后担任了学生会的纪检部长与学生会主席。在担任纪检部长期间，叶亮认真负责地履行职责，严格监督同学们的纪律情况，确保校园秩序井然，他公正无私的工作态度赢得了同学们的尊重与信任。后来，叶亮成功当选为学生会主席，他带领学生会成员们积极组织各类校园活动，丰富同学们的课余生活，在他的领导下，学生会的工作开展得有声有色，为校园文化建设做出了重要贡献。

迈向社会激情奋斗

在繁华都市的钢铁丛林中，电梯成为人们日常生活中不可或缺的垂直交通工具。而每一部平稳运行的电梯背后，都离不开一群默默奉献的电梯人。叶亮，便是这个群体中一位怀揣梦想与激情的奋斗者。

叶亮怀揣着对电子应用技术行业的热爱以及对未来的憧憬，踏入了社会。他将在学校所学的专业知识与技能充分运用到实际工作中，全力以赴地实现自己的职业规划。

初入职场，叶亮便投身于电梯行业，成了一名基层的电梯维保员。他深知，电梯安全关乎着每一位乘客的生命安全，因此，他始终保持着高度的责任心与敬业精神，认真对待每一次维保任务。在工作中，叶亮不断积累经验，提升自己的技术水平。他善于观察与思考，总能在第一时间发现电梯存在的问题，并及时采取有效的解决措施。同时，叶亮还积极与同事们交流与分享经验，努力提高团队的整体技术水平。

随着工作经验的不断积累，叶亮逐渐成长为一名技术骨干。此时，叶亮开始思考，如何将自己的职业发展提升到一个新的高度。他意识到，要想在电梯行业取得更大的成就，仅依靠技术能力是远远不够的，还需要具备一定的管理能力与团队协作能力。因此，叶亮利用业余时间学习了管理学、项目管理等相关课程，并在工作中不断实践与应用这些知识。有一次，叶亮负责带领一个团队完成一个重要的项目。在项目执行过程中，他遭遇了许多挑战与困难。团队成员之间的沟通不畅、进度滞后等问题不断涌现。但叶亮并未慌乱，他运用所学的管理知识与团队协作技巧，积极与团队成员沟通协调，合理分配任务，制订有效的激励措施。在他的努力下，团队成员的积极性与主动性得到了极大的提高，项目进度也逐渐加快。最终，项目顺利完成，并取得了良好的成效。这次经历让叶亮深刻体会到了管理与团队协作的重要性，也让他更加坚定了提升自己管理能力的决心。

除了工作上的挑战，叶亮还面临着职场竞争的压力。在公司内部，有许多优秀的同事都渴望获得晋升的机会，然而，叶亮并没有被这些压力吓倒，他始终保持着积极乐观的心态，不断努力提升自己的能力。他深知，只有通过自己的努力和实力，才能在职场中脱颖而出。

叶亮从一名基层的电梯维保员做起，凭借自身的不懈努力和出色的工作能力，很快晋升为工程技术科长，在这个过程中，他不仅展现了精湛技术，还展现出卓越的领导才能和团队合作精神。他善于倾听团队成员的意见和建议，充分发挥每个人的优势，带领团队攻克了一个又一个难题。在不断努力的过程中，叶亮还积极参与公司组织的各项公益活动。他带领团队成员走进社区，为居民们提供免费的电梯安全知识讲座和维修服务。通过这些活动，叶亮不仅提升了自己的社会责任感，还增强了团队的凝聚力和向心力。同时，他的善举也得到了社会各界的广泛赞誉和认可，为公司树立了良好的形象。

提升自己持续拼搏

在不断提升自己的技术与管理能力的同时，叶亮还积极关注行业的发展动态，不断探索新的技术与应用领域。他带领团队开展了一系列创新项目，为公司的发展注入了新的活力。同时，叶亮还积极参与行业交流与合作，与同行们分享经验与技术，共同推动行业的发展。

不久前，叶亮参加了一个电子行业技术研讨会，在会上，他结识了许多同行专家与企业代表。通过与他们的交流与探讨，叶亮了解到了行业的最新技术与发展趋势，回到公司后，叶亮结合公司的实际情况，提出了一系列创新的发展思路与方案。在他的推动下，公司开展了一系列技术研发与应用项目，取得了良好的经济效益与社会效益。这次经历让叶亮深刻体会到了行业交流与合作的重要性，也让他更加坚定了持续学习与创新的决心，很快叶亮就从一名工程技术科长升任维保部长。回顾叶亮的成长历程，如在母校的学习生活一般，一步一步，步步为营；一关一关，关关上进。可以形象地说——叶亮的奋进之路从母校启航，从学校的求学，到迈向社会后的工作，每一步都充满了挑战与拼搏。叶亮感激长沙市电子工业学校给予了他成长的平台，感激老师和同学们的陪伴与支持，感激社会给予了他锻炼与发展的机会。未来的路还很长，叶亮将继续努力，不断追求卓越，为社会做出更大的贡献。

✦ 祝福母校

亲爱的长沙市电子工业学校，是您给了我知识和力量，是您让我有了追逐梦想的勇气和信心。在这里，我度过了人生中最美好的时光，收获了最珍贵的友谊和回忆。如今，我已经在日立电梯奋斗18年。我会永远铭记您的教诲，努力拼搏，为社会做出自己的贡献。祝愿母校越来越好，培养出更多优秀的人才！

✦ 寄语学子

亲爱的学弟学妹们，我想对你们说，珍惜在学校的时光，努力学习，不断提升自己的能力和素质。认真对待学校的专业课程，将它们与你们的职业规划相结合，为未来的发展打下坚实的基础。不要害怕困难和挫折，勇敢地去追求自己的梦想。相信自己，只要努力，你们一定能实现自己的目标。希望你们能在未来的人生道路上，取得更加辉煌的成就！

38

淡定从容当自强
——专访 2003 届优秀校友张骅

🔊 **电子小档案**

张骅，男，湖南长沙人，2003 年毕业于长沙市电子工业学校 2001 班，班主任严必特老师、王忠老师。在长沙市电子工业学校度过了愉快的三年学习时光后，再到湖南信息学院继续求学，2006 年毕业后陆续在华为技术有限公司、中软国际华为事业部工作，如今就职于中软国际华为事业部，承接华为接入网硬件开发部的工作，担任硬件工程师，并担任项目主管。

张骅出生成长在开福区伍家岭四方坪社区的一座小工厂宿舍楼中，他的父母均为企业下岗工人，平时只能打零工解决生计，繁重的工作、养家的辛劳使得父亲脾气变得非常暴躁，对小时候的他总是非打即骂，久而久之，张骅的性格变得非常沉闷。2000 年中考，张骅考入长沙市电子工业学校，那个时候电子信息、计算机行业刚火起来，他抱着希望报了电子专业，被分配到 2001 班，求学

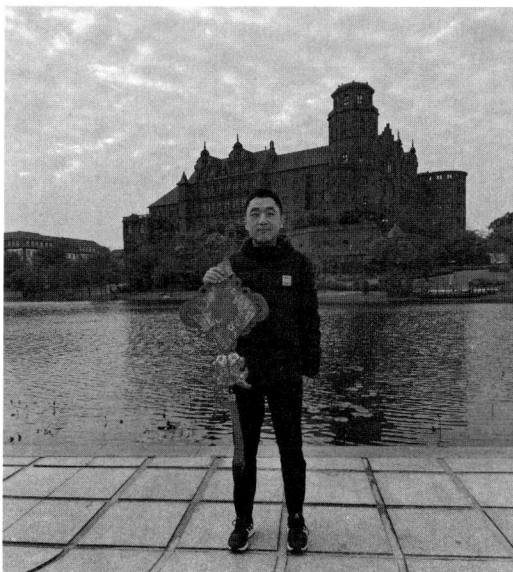

过程中,他逐渐对电子、电信、电路分析等产生了强烈的兴趣,在老师们孜孜不倦的教导下,张骅在完成高二学业后决定进入高考复习班,争取获得更高的学历。

从母校筑梦起航

在长沙市电子工业学校三年的高中学习,张骅学习到了很多有用的知识,学校从就业市场出发,紧跟社会需求,不但开设了语文、数学、英语三门基础学科,还有电子电路分析、音响、机械等专业学科,应学尽学。长沙市电子工业学校各科的老师,都是优秀大学毕业的经验丰富的老师,传道授业,功底深厚,言传身教,方法灵活,教课严谨,认真负责,把科学的知识,扎扎实实地教给了学生。记得在上第一堂专业电子课时,班主任严必特老师说,在学校和社会上学习最大的区别:社会上可能就派一个老师傅,只教会你按照售后技术方案或者凭经验排除故障,但是在学校中学习,可以授之以渔,学习电路原理,让你搞清楚电路是怎么工作的,功能是怎么实现的,这无论对你后续继续深入求学,还是快速上手工作,都有很大的好处。

高中前两年,学校开设了基础学科和很多操作性强的课程,如钳工实操学习(他还记得从一块铁棒开始做一个锤子,包括打磨、钻孔等),让学生们加强动手能力;从各种元器件和PCB板开始组装一个收音机,记得当时组装收音机时,机器组装完毕后只有背景杂音,始终不能正常工作,严必特老师从电路原理、故障分析耐心地教导,排除了故障,原来是有一个电感线圈的焊接有问题,不能接收到电台信号,张骅从此记住了焊接问题是电路组装过程中的一个重要的故障产生原因,这对他之后工作生涯的调试工作产生了很大的影响。

高二学业完成后,张骅表现良好,前两年均担任副班长,协助严老师完成班级管理工作,而且他的学习成绩一直能保持在班上的前十名。严老师找他谈话,问他是否有继续求学的愿望,当时学校开设了高考复习班,帮助有继续求学愿望的学生参加高考,继续升学。当时张骅向父母提起这件事,父母均大力支持,于是他决定不辜负父母的期望,到更高的舞台去证明自己。

进入高考复习班,当时班主任是王忠老师,数学是张兰老师,第一次模拟考试中,张骅的成绩似乎还不错,语、数、外及两门专业课5门总分考了400多分(500分制),他考上大学的信心大大增加。随着学习的深入,老师们针对高考考点增加难度后，他的总分成绩一直往下掉，特别是不擅长的英语，总是在及格线上徘徊，有时候甚至只能得40多分。王忠老师看到他和大家的困惑，于是开了专题班会，给大家打气鼓励，告诉同学们不要灰心，学习只有持之以恒才能成功，少年心事当拏云，为了亲人，更为了自己的梦想而发愤图强。

张骅经过对各学科进行深入分析得出，自己的优势在于电子和电工两门专业课，基础学科中语文还算不错，只是数学不稳定，英语差，于是针对弱点学科进行攻关，在课堂中认真听课汲取知识，晚上回到家就记英文单词和背课文，并针对数学三角函数等薄弱点进行补习，还和班级同学形成了互帮小组，放学后主动留在学校进行晚自习，经常被学校负责关灯的老师们提醒早点回家。与此同时，老师们编写刻印了大量的复习资料，让他们对知识进行系统的梳理并整合，王老师、张老师还利用午休的时间给大家补习，这样，经过一年多的努力，通过一次次的月考，张骅的成绩逐渐提高，高考顺利考取湖南信息学院的电子信息专业，继续求学之路。

洗礼蜕变入职场

经过大学三年的学习，毕业后，张骅踏入了职场的广阔天地，在学校中经过争取，拿到了在160人选取30人的华为技术有限公司的录用书，在核心制造部先后担任过程质量控制员、维修员、可靠性实验室技术员等。在担任维修员期间，他发现在学校学习到的电路器件、整流滤波放大电路等基础知识对自己非常有帮助。记得有一次发生紧急停线问题，如果不能及时解决，就要延迟发货，这对产品交付和公司声誉影响非常大。一线部门的求助邮件都发到了主管，维修部门组织了开发、新产品导入、维修等精兵强将进行集体攻关，维修部门的压力巨大，经过持续3天的攻关，发现是一颗功率放大芯片后级的寄生电容有问题，解决方案就是把这颗芯片焊接往后拉，消除寄生电容的影响。此时，他不禁想起了当年组装收音机时遇到的虚焊问题，同样是焊接，遇到的问题不一样，解决方案就不一样，高频电路需要考虑寄生电容电感的影响。解决故障后，张骅把问题归类，搜集解决方案，写成了案例，做成了一本白皮书，得到同事们的大力认可，获得了年度优秀员工，半年和年度绩效均为A，还获得了金牌团队员工、明日之星等奖章。

在华为技术有限公司工作4年后，由于张骅表现优秀，尤其是电路知识扎实，接触到的开发工作较多，开发部的领导有意让他到开发部工作，承担产品企划和电路开发工作，从此，张骅实现了从一个执行者到一个基层管理者的转变。在此过程中，张骅也走了很多弯路，但经过不断的学习，他带领团队啃下了一根又一根的"硬骨头"，使产品按时交付，张骅在开发过程中凭借出色的才能，培养了强大凝聚力的团队，从而获得了公司奖励。

淡定从容当自强

天行健，君子以自强不息！在20多年的学习和工作生涯中，张骅凭借自己的才华和持续的努力，取得了优秀的成绩。他的专业技能得到了明显的提升，管理能力也逐渐趋向成熟。更重要的是，他学会了如何在挑战面前保持冷静，如何在团队中发挥自己的力量。职场的成长中，张骅不忘恩师教诲，对待工作兢兢业业，面对责任恪尽职守，在平凡的岗位中，有一分能量就生一分热、发一分光，未来的征途，奋斗的张骅充满着从容淡定与自信自强！

✦ 祝福母校

亲爱的母校，110载栉风沐雨不忘立德树人初心，110载砥砺前行牢记教育强国使命，祝愿我们的母校110周年生日快乐，桃李芬芳，再创辉煌！

✦ 寄语学子

作为学长，有几句推心置腹的话要对你们说：第一是在工作和学习中要不断充电，不要放弃任何继续深造的学习机会；第二是要把英语学好，我由于英语的问题错过了很多机会，后续虽然通过自己的努力也过了托业英语考试（两年时间啃了4本《新概念英语》和大量其他相关专业书），但是那些机会再也不会回来；第三是把数学这门课学习好，对以后深入学习电路知识，特别是高频电路有很大好处；第四是要锻炼好身体，身体是革命的本钱；第五，要相信自己是最棒的，对自己有信心，经常性对自己说：If give me a chance, I will shine.

39

做一个热情与坚韧的追梦人

🔊 电子小档案

　　周旭，男，湖南长沙人，2003 年毕业于长沙市电子工业学校 2001 班，班主任严必特老师、王忠老师。在信息化、数字化建设的领域奋斗了 16 年，如今就职于北京某知名 IT 企业，担任副总经理及高级合伙人。

引言

　　小周旭生活在长沙坡子街老城区，在街坊四邻眼里是一个调皮捣蛋、不学无术的"混世魔王"。他的父母都是老实巴交的普通工人，20 世纪 90 年代国企改革，职工强制下岗，让本就经济困难的家庭雪上加霜。父母为维持家里生计只能外出打工，为了供他上学，起早贪黑地劳作，脸上刻满了辛劳的痕迹。

　　年少不知愁滋味，年幼时他并不知道自己的每一步成长都凝聚着父母无尽的汗水和期望，他浑浑噩噩地虚度光阴。16 岁时，他考入长沙市电子工业学校，猛然间对电子电工技术产生了浓厚的兴趣，于是

在老师们的教导下，他逐渐意识到通过努力学习可以改变命运。高三时，他参加了高考复习班，至此他正式开启努力奋斗的人生。

重拾自我初窥梦

小学到初中阶段，周旭几乎没有听过一节完整的课，闹课堂、旷课、打架更是家常便饭，每次考试都是倒数前三，初一、初二期末考试7门功课加起来总分没有超过100分，让大家非常诧异他是怎样完美避开那么多的正确答案。老师、同学们都替他干着急，也不遗余力地为他提供了很多生活和学习方面的帮助。然而此时他内心秉承着"英雄交白卷、好汉打零分"的宗旨，已经彻底放弃自己，早就做好初中毕业就去刷盘子或进工厂打工的打算。

初二升初三的暑假期间，周旭跟着表哥一起去乡下度假，原计划能在乡下玩两个月，不料遇到严厉的姨夫，改变所有游玩计划，被强制学习两个月，这也为他彻底改变人生轨迹埋下伏笔。姨父是一名乡村美术教师，除了画画这门手艺，对初中数学、英语也颇有研究。在姨夫的督促和指导下，从加减乘除到平面几何，从音标到单词、从削铅笔到素描，他被全方位改造，经过两个月"地狱式"的突击学习训练，他初步掌握了学习方法，仿佛打通"任督二脉"，大脑突然开窍，数学考试成绩从几分到及格再到七八十分，并逐步对数理化学习产生了兴趣。

周旭重拾自我初窥梦，虽然他的学习整体成绩仍然处于中下游水平，但数理化等课程的考试已经可以触及八九十分的门槛，通过一年正儿八经的学习，加上几次考试逐渐取得好成绩，使得他内心逐渐开始自信，开始意识到没必要轻易放弃自己，学习似乎没想象中那么难，结合当前学习成绩水平综合考虑后，周旭打算继续读中专或职高，学一门今后能让他在社会安身立命的手艺。他初中毕业后，以580分成绩顺利考入了长沙市电子工业学校电子电工专业。

母校逆袭重筑梦

在周旭的认知里，读职高的终极目标就是学会修电视机、冰箱、洗衣机、空调等，将来成为一名优秀的家电维修师，开个修理店，还能当个大老板。为了达成此目标，他已经做好了虚心拜师、认真学艺的心理准备。

新生入学时他被分配到 2001 班，报到当天进教室就被严必特老师的大嗓门震慑住，怎么能不用喇叭发出这么大的音量？随后他看到学习课程更加傻眼了，没有期待已久的家电维修课，还是语数外老三样加电子、电工理论课，顿时心里就凉了一大截。考虑到数学、电子电工理论算是理工类课程，也有点意思，凑合先学着吧。

经过两年的学习，从起初的基础理论课程增加了很多实操性强的课程，如钳工基本技能、收音机组装、电视机维修、冰箱维修等实操课程，他感觉自己离家电维修师的伟大目标更进一步，此时他的学习热情非常高，为了技术更进一步又主动参加并通过了初级电工认证考试，为长沙市电子技能比武做准备。

高二升高三是关键的一步。那时候他正在备战长沙市电子技能比武，作为比赛的种子选手，他对收音机安装、Protel99 PCB 设计等比赛项目很有信心，是比赛获奖的热门人选，眼瞅着跟自己梦想越来越接近，他更是一门心思投入了竞赛准备工作中。直到一次课间休息，他在楼道碰到严必特老师。"你还在搞什么？赶紧去参加高考复习班。"严老师吼道。高考的事，周旭之前并没有考虑过，想起严老师的话内心久久不能平静。回家跟父母商量后，家里也决定咬牙再苦几年，供他读三年大学，以后好找工作。于是他放弃了技能比武，加入了高考复习班。

由于他基础太差，高考复习课程学起来非常艰难，很快，一次模拟考试中，他的语、数、外加电子、电工五门总分只考了 100 多。按这个成绩专科都够呛，他心里打起了退堂鼓。班主任王忠老师看同学们成绩整体都比较差，耐心地给同学们做起心理辅导，给大家打气鼓励，帮助同学们重拾信心。在王老师鼓励下，周旭重新振作起来，拟定学习策略：将数学、电子、电工等有些基础的课程作为重点攻关科目，以保住基本盘，重新开始学习语文、英语，考试尽量多拿分。他白天聚精会神、晚上挑灯夜读。一年的高考复习，九次模拟考试，分数从 100 多分, 200 多分、300 多分、400 多分，最后一次 500 多分，他的成绩以肉眼可见的速度增长，此时他的目标已经从稳拿专科加码到冲刺本科。能够有如此进步，首先是因为老师们孜孜不倦地教导，特别是班主任王忠老师和数学张兰老师在家里给他们"开小灶"、免费补课，手把手带着大家做最后的冲刺；其次是因为同学们自身对知识的渴望和学习的热情。课堂上，周旭经常因为听课太激动，走上讲台跟老师探讨问题，给同学们讲解解题思路，这种热情不仅让他自身受益，还带动身边的很多同学努力学习。虽然他九次模考的最高分离本科线还有较大差距，但幸运总是会降临在有准备的人身上。在良师益友的帮助下和自身加倍努力下，高考中他超水平发挥，最终以 587 分超过本科线 20 分的成绩考入南华大学计算机科学与技术专业。当高考成绩公布的那一刻，周旭激动得无法自持，他的分数不仅远远超过了预期，还让他实现了心中多年的梦想。从最初想成为家电维修师，到后来想参加技能比武拿名次，再到最后圆梦考入本科大学，他在长沙市电子工业学校实现了人生的逆袭，打开了人生崭新的篇章……

南华大学痴追梦

进入南华大学，周旭迎来了人生中的又一个重要阶段。由于填报志愿时选择了服从调剂，他被调到了计算机专业，而此前周旭连计算机怎样开关机都不知道，陌生的领域学习让他感到有些费劲。然而，他并没有因此放弃，母校从学渣到学霸的逆袭经历，让他对自己信心十足。周旭，高考数学成绩中下游，学习态度吊儿郎当，却在大一期末的高等数学考试中以 94 分获得全班第一，让所有同学对他刮目相看。

大二、大三开始专业课程的学习，他对操作系统原理、计算机原理、算法与数据结构、数据库原理等专业课程有着浓厚的兴趣。这份兴趣转换为学习热情，让他在课堂上总是充满激情。他将高中时的特殊习惯带到大学课堂，"一言不合"就走上讲台跟老师和同学们探讨问题，给老师和同学们留下深刻印象，也让他专业课程学得非常扎实。唯一遗憾的是他英语成绩一直不好，没有通过四级考试。万幸的是新规定解除学位与英语四级挂钩的硬性规定。因为其他课程都名列前茅，他每年都能拿到奖学金，最后也顺利大学毕业拿到学士学位。

在四年的大学时光里，他展现出了很强的学习能力，不仅顺利毕业，还多次荣获奖学金，这充分彰显了他顽强的拼搏精神。更为重要的是，他在这期间积累了宝贵的知识，实现了全方位的成长，并与同学们建立了深厚的友情，更幸运的是他认识了现在的妻子。这些宝贵的经历不仅极大地丰富了他的人生经历，而且为他未来的道路铺设了坚实的基石。未来，在妻子的默默支持与陪伴下，他怀揣着南华大学的痴痴梦想，勇敢地踏上求职的道路，面对挑战，追求更加灿烂的人生。

扬帆远航职场梦

毕业后，周旭毅然踏入了职场的广阔天地。面对未知的环境和纷繁复杂的人际关系，以及大学部分知识在职场中的不适用性，他并未退缩，而是选择从零开始，以"小白"之姿踏上征程。他虚心向资深前辈请教，勤奋学习业务与技术知识，经过不懈的努力，逐渐从职场新人蜕变为技术领域的佼佼者。他的坚持与拼搏，赢得了领导的青睐与同事的钦佩。

随着工作经验的逐渐累积，周旭经历了多次的职业选择，最终在北京一家公司安定下来。多年的辛勤耕耘，让他在职场上扬帆远航。他先后管理多个大型央企的数字化项目，肩负起项目的整体规划与执行重任。他带领团队攻克难关，勇于创新，取得了令人瞩目的业绩。他的卓越才华与领导力，得到了公司的高度赞誉与认可。从年轻气盛逐渐走向成熟稳重，他也从一名普通的职场新人晋升为公司的项目总监，并最终成为公司的合伙人。事业上的辉煌成就，为他美满的家庭奠定了坚实的物质基础。

收获成长时代梦

在数字化建设的领域中，周旭凭借自己的才华和持续的努力，取得了一定的成绩。他的专业技能得到了明显的提升，管理能力也逐渐趋向成熟。更重要的是，他学会了如何在挑战面前保持冷静，如何在团队中贡献自己的力量。

然而，他认为，事业上的成功并非他人生最宝贵的收获。与妻子共同组建家庭，拥有两个可爱的孩子，这份家庭的幸福和满足才是他内心最珍视的。作为父亲，他深知自己肩负的责任和压力，但他也享受这种挑战带来的成长。对于他来说，面对困难、克服困难的过程，正是他人生中收获成长的新时代之梦。未来，他会在自己的领域创造更多的奇迹，为社会的发展贡献自己的力量，也为儿女树立好的榜样。

祝福母校

长沙市电子工业学校，这所承载着无数梦想与希望的学府，见证了无数学子成长的足迹。在此，我想对母校表达最诚挚的敬意。

衷心祝愿长沙市电子工业学校越办越好，为国家和社会培养更多优秀的人才。

寄语学子

愿你们珍惜在长沙市电子工业学校的每一寸时光，努力学习，不断探索，用知识的力量武装自己，为未来的道路奠定坚实的基础。愿你们在这里收获的不仅仅是专业的技能，更是对人生的深刻理解和对梦想的执着追求。

愿你们勇攀高峰，不断挑战自我，以优秀的成绩和出色的表现，为母校增光添彩。愿你们珍惜友谊，团结互助，在青春的岁月里留下难忘的记忆。愿你们心怀感恩，铭记师恩，将这份温暖与力量传递给更多的人。

祝愿学弟学妹们前程似锦，梦想成真，未来的人生道路上充满阳光与希望！

40

电子匠心　智创未来

🔊 电子小档案

　　周伟，男，湖南宁乡人，2001年毕业于长沙电子技术学校（今长沙市电子工业学校）职8班，班主任刘玉华老师，现任湖南湘瑞智能工控设备有限公司（以下简称湘瑞智能）总经理。公司坐落于湖南星沙，专攻设计制造工程机械智能控制系统，矢志突破外企技术封锁，引领国产科技革新潮流。从创业伊始到如今引领企业稳步迈向行业先锋，周伟的每一步都见证了热爱与坚持的力量。

　　从1998年到2024年，二十多年的时光如白驹过隙，科技飞速发展，长沙大变样，当年的少年怀揣着投身社会建设的梦想，来到长沙电子技术学校学习。毕业后，他勤勤恳恳，发奋图强，报效祖国，专攻设计制造工程机械智能控制系统，矢志突破外企技术封锁，引领国产科技革新潮流。少年不再年轻，但耕耘的身影还显示着他的追求，他就是湘瑞智能创始人及掌舵者周伟。

师恩沐心，梦想启航

在长沙电子技术学校的那段青葱岁月，如同璀璨星辰，照亮了周伟的人生轨迹，其中最为闪耀的两颗，便是班主任刘玉华老师与专业课老师毛小俐老师。

毛小俐老师是一位电子技术领域的智者，她以渊博的知识和独特的教学魅力，深深影响了周伟。在毛小俐老师的课堂里，创意与活力才是常态。她讲解放大电路原理时，没有沉溺于抽象公式，而是巧妙地将之比喻为家中的水龙头，通过调整水流的大小，直观展示了三极管如何控制电流的"放大"作用，使学生们深刻理解了这一复杂概念。这样的教学方式，既贴近生活，又不失科学严谨，让学生在轻松愉快的氛围中掌握了核心知识点。毛小俐老师生动的教学就这样为周伟缓缓打开了电子世界的神秘大门。

除了生动的教学方法，毛小俐老师还以她无微不至的关怀赢得了学生们的尊敬与爱戴。面对学生的疑问，她总是耐心解答，无论问题多么简单或复杂，都能得到她细致而深入的解答。实验室里，她经常手把手指导学生进行实验，从电路的搭建到故障的排查，她都亲力亲为，确保每位学生都能亲手实践，从错误中反思，从实践中成长。在周伟看来，一位好老师不仅要传授知识，还要育人，教会学生面对挑战，培养学生的正确价值观。显然，毛小俐老师就是这样一位好老师。正是在毛小俐老师的引导下，周伟种下了对电子技术深深热爱的种子，这粒种子日后成长为支撑他职业生涯的参天大树。

除了风趣幽默的毛小俐老师，在周伟的记忆深处，还有一位令人敬仰的老师——班主任刘玉华老师，因为她常设身处地地为学生着想，她也被学生们亲切地称为"刘婆婆"。在周伟毕业时，他原本因优异的成绩即将踏入益阳电厂的大门，但刘玉华老师深知他的潜力远不止于此。凭借敏锐的职业洞察力，她坚持认为周伟应追求更高技术含量的工作，为此，她力劝周伟放弃原有计划，转而瞄准了本地知名企业长沙威胜电子有限公司(以下简称威胜电子)的技术员岗位。在这期间，面对周伟的犹豫与压力，刘玉华老师展现出了坚定与耐心，甚至为他争取到半年的校内宿舍居住权，只为等待那唯一且宝贵的机会。最终，周伟成功入职威胜电子。这份成就背后，凝聚的是刘玉华老师无数次的努力与奔走。

生活上，刘玉华老师如同慈母，细微之处尽显温情。她常提醒周伟注意仪表，周末邀请他到家中共享家常便饭。这些点滴汇聚成一股暖流，温暖了周伟。在她的精心安排下，所有的学生不仅能利用课余时间在校办厂兼职补贴生活，还能自由出入实验室，享受探索科技的乐趣。刘玉华老师与毛小俐老师携手，为学生们开辟了一个自由实践、勇于创新的学习天地，实验室成为他们梦开始的地方。

刘玉华老师，以她的智慧与爱心，不仅为周伟铺设了一条通往成功的道路，还在他心中种下了感恩与责任的种子。这份难忘的师恩，如同一盏明灯，照亮了周伟前行的道路，也成为他人生旅途中最宝贵的财富。

风雨兼程，终显峥嵘

周伟的职场生涯，是一段由梦想驱动、由挫折磨砺，直至由创业辉煌的励志旅程，其中蕴含了三个关键阶段，每一个阶段都见证了他从青涩到成熟的蜕变。

走出校园，周伟的第一站是威胜电子，一家在国内享有盛誉的电子企业。作为装配线上的新手，他并未满足于日复一日的重复性工作，而是时刻保持着对技术的渴望与探索。在一次偶然的机会中，周伟敏锐捕捉到一个长期困扰生产线的调试问题。他利用业余时间，深入研究，最终提出了解决方案，大大提高了生产效率。这一举动引起了管理层的注意，很快，周伟被调至调试岗位，他的技术才华得到了初步展现。

在调试岗位上，周伟的视野更加开阔，他开始主动参与设计团队的问题讨论，凭借扎实的理论基础和丰富的实践经验，多次协助研发部门解决了设计缺陷，有效避免了潜在的产品召回风险。他的勤勉和才华赢得了公司上下的一致认可，仅一年时间，周伟便脱颖而出，晋升为中层管理者，负责生产、质量等多个关键部门，成为公司较年轻的中层干部之一。这一时期，他还参与了新厂房的规划布局，展现了非凡的组织协调能力和对未来的前瞻视角。

在威胜电子的成功并没有让周伟停下脚步。出于对产品品质的极致追求，他决定转向研发领域，希望从源头上解决技术难题。三一重工股份有限公司（以下简称三一重工），作为国内工程机械行业的领头羊，成了周伟新的舞台。在这里，他担任质量工程师，深入分析产品瑕疵，改进生产工艺，同时利用业余时间自学硬件设计，不断提升自我。

一年后，周伟意识到自己转型研发的时机已成熟，他主动申请调入三一智能研究院。在研究院的日子里，他全身心投入核心产品的规划与设计中，凭借着"耐得烦、霸得蛮"的湖南人精神，不仅设计出多项创新产品，还因自身卓越的团队合作能力和亲和力，获得了"最佳人气奖"。这段经历不仅巩固了他的技术实力，更为他日后的创业之路积累了宝贵的人脉资源。

筚路蓝缕，胼足而行

真正的挑战始于一次偶然的机会。一位朋友急需开发一款定制产品，周伟毫不犹豫地接下了这个任务。起初这只是他工作之余的兴趣尝试，但随着项目的推进，他看到了市场的巨大潜力。于是，他毅然辞去了稳定的工作，与一位志同道合的软件工程师合伙，共同创立了湖南湘瑞智能工控设备有限公司。

创业初期，条件异常艰苦。没有足够的启动资金，没有宽敞的办公场所，周伟和搭档几乎包揽了公司所有的角色——从设计、采购、生产到销售、售后，每一步都亲力亲为。他们租用了安置房作为临时厂房，夜以继日地投入产品开发和测试中，有时候连续几天不眠不休，只为尽快让产品投产。这种近乎痴迷的投入，终于换来了第一款产品的成功面世，市场反响热烈，订单纷至沓来。

随后，周伟带领湘瑞智能逐步扩大规模，成为长沙经济开发区的规上企业、高新技术企业。周伟深知，企业的持续发展离不开创新，他每年投入大量资源进行新品研发，确保产品始终走在行业前列。同时，他坚持"质量第一，客户至上"的原则，赢得了客户的广泛赞誉和信赖。

站在湘瑞智能的新起点，周伟的目光更加长远，他深知，真正的成功不在于已取得的成就，而在于持续不断地创造价值，服务于社会，引领行业前行。他以实际行动践行着感恩回馈，不仅致力于企业发展，而且心系员工福祉，热心公益，用实际行动回馈社会，传递着温暖与正能量。

在周伟的职场征途中，每一次跨越都伴随着对专业深度的不断探索和对广度的勇敢尝试。从威胜电子的基层到管理层的跃升，他实现了专业技能与管理才能的完美融合；在三一重工的转型与挑战中，他以实际行动践行了对技术革新的不懈追求；而创业路上的披荆斩棘，更是彰显了他面对困难时的坚韧不拔和对成功的深刻理解——成功不是偶然，是无数次失败后的坚持与自我超越。

周伟的故事，是梦想照进现实的生动写照，是技术与情怀共舞的时代赞歌。从电子技校的懵懂少年，到行业领先的创新企业家，这一路的风雨兼程，不仅仅是个人奋斗的胜利，更是对"匠心筑梦，创新致远"理念的最佳诠释。他的成功故事，也是对长沙市电子工业学校及所有职教学子的鼓舞与激励。这个故事告诉我们，无论起点如何，只要怀揣热爱，勇于追梦，不断学习，持续创新，就能在各自领域绽放光芒。他的成就，不仅仅是个人荣誉的积累，更是对社会、对国家科技进步贡献的有力证明，是职教学子也能大有作为的时代证明。

周伟的奋斗旅程，是一个关于梦想、挑战与超越的故事，提醒我们：在快速变化的世界里，唯有热爱不灭，创新不止，方能书写属于自己的辉煌篇章。

祝福母校

亲爱的长沙市电子工业学校，您是我梦想起航的地方，那里承载着我青春的记忆与成长的足迹。在您110周年华诞之际，衷心祝愿您光辉历程更添华章，职业教育的明天更加灿烂辉煌。愿您继续引领时代潮流，培养更多技术精英，为国家的现代化建设源源不断地输送大国工匠。岁月悠悠，愿母校风采依旧，桃李满天下，芬芳溢四方。

寄语学子

你们正值青春韶华，愿你们在追梦的路上，不忘初心，砥砺前行，让青春在奋斗中绽放最耀眼的光芒。未来的你们，定能以卓越之姿，书写属于自己的辉煌篇章，成为母校的骄傲，时代的弄潮儿。加油，亲爱的学弟学妹们，美好的未来正等待着你们去开创！

结束语

以上篇章，我们见证了长沙市电子工业学校众多杰出校友们以专业技能为翼，不懈奋斗，不仅仅铸就了个人梦想的辉煌殿堂，更在社会的广阔舞台上绘就了一幅幅壮丽的人生画卷。他们的故事，如同璀璨星辰，照亮了无数追梦人的前行之路，深刻诠释了学校办学理念"在自己的赛道上奋力奔跑"的丰富内涵。

这些校友们，从电子技术的深耕细作到创新创业的勇敢跨越，每一步都凝聚着汗水与智慧。他们用实际行动证明，专业技能的学习与实践是解锁人生无限可能的"金钥匙"，而持续的努力与不屈不挠的精神则是跨越重重挑战、抵达成功彼岸的坚固桥梁。他们勇于创新，敢于挑战自我，在各自的领域发光发热，不仅仅实现了个人价值的最大化，更为社会进步贡献了自己的力量。

回望过去，这些校友们在长沙市电子工业学校的学习经历为他们奠定了坚实的基础。学校的严谨学风、优质师资以及丰富的实践活动，为他们提供了成长的沃土。在这里，他们不仅仅掌握了扎实的专业知识，更学会了如何面对困难、如何与人合作、如何勇于创新。这些宝贵的经历，成为他们人生旅途中不可或缺的财富。

展望未来，我们期待更多长沙市电子工业学校的学子能够以这些杰出校友们为榜样，珍惜在校时光，努力学习专业知识，不断提升自己的综合素质。同时，我们也希望校友们能够继续发扬母校精神，勇攀科技高峰，为实现中华民族伟大复兴的中国梦贡献自己的力量。